Seminar Dibbuk-Chawerim

Unser Dibbuk

Eine Festgabe zu dem fünfundzwangigjährigen Jubiläum des Rabbiner-Seminars

Seminar Dibbuk-Chawerim

Unser Dibbuk
Eine Festgabe zu dem fünfundzwangigjährigen Jubiläum des Rabbiner-Seminars

ISBN/EAN: 9783743361768

Hergestellt in Europa, USA, Kanada, Australien, Japan

Cover: Foto ©Lupo / pixelio.de

Manufactured and distributed by brebook publishing software
(www.brebook.com)

Seminar Dibbuk-Chawerim

Unser Dibbuk

Eine

Festgabe

zu dem

fünfundzwanzigjährigen Jubiläum

des

Rabbiner-Seminars

und dem

XX. Stiftungsfest

des

seminaristischen Vereins Dibbuk-Chawerim.

Teweth 5659 — 1898 Dezember.

BERLIN.

Druck von H. Itzkowski, Gips-Str. 9.

כל הבחורים יש להם חלק ברבוק חברים.

„Ein Vierteljahrhundert!" Dies Wort schwebt in diesen Tagen des festlichen Begehens des Seminarjubiläums auf den Lippen gar manches Redners und Predigers, und wahrlich, mit Stolz darf dies geschehen im Hinblick auf das segensreiche Wirken unserer Anstalt. Zum mächtigen Aufschwung des Seminars ein wenig mitgearbeitet zu haben, dürfen sich wohl auch die Vereine rühmen, die unter den Hörern die Ziele und Zwecke zu fördern bestrebt waren und bestrebt sind, welche vom Seminar und seinen Dozenten vor allem bei der Ausbildung zum künftigen Berufe im Auge gehalten wurden. So wurden wir im Homiletischen Verein durch Predigen und Predigt hören, durch Kritisiertwerden und Kritisieren für das Predigeramt vorbereitet, der Mischnajoth-Verein sucht die Arbeiten im Seminar in חניך und משניות zu vervollständigen und zu erweitern, der Bachurim-Verein sorgt für das materielle Wohl der Hörer. — — Wessen Herz schlägt aber nicht höher, wessen Blut pulsiert nicht eiliger in den Adern, wenn er den Namen Dibbuk-Chawerim hört? Freude und Wehmut erfüllt uns immer, wenn wir der Stunden gedenken, die wir hier verlebt, die wir hier verbracht. Und was ist sein Zweck, seine Aufgabe?

Dies näher darzulegen, sei die Bestimmung folgender Zeilen. Ein Vierteljahrhundert besteht unser Seminar, fast ebensoviele Jahre ihm treu zur Seite der Dibbuk-Chawerim, ein Zeichen, wie eng verknüpft von jeher diese beiden Institutionen waren, und wenn in diesen Tagen eine Geschichte des Seminars allen denen, die an unserer Anstalt Interesse nehmen, ein deutliches Bild geben soll von der Entwicklung desselben, so mögen diese Blätter allen ehemaligen und jetzigen Dibbukianern und allen, die noch immer den Bestrebungen unseres Dibbuk nahe standen und mit ihm Freud und Leid teilten, in einer kurzen Geschichte des Dibbuk zeigen, wie er entstanden, welches seine Ziele und Zwecke sind, wie es ihm und seinen Mitgliedern gelungen, diesen gerecht zu werden und wie er festgefügt dasteht, gesichert in seinem Bestand für immer.

Im Jahre 1873 war das Seminar gegründet, und es dauerte gar nicht lange, da machte sich bald unter den Hörern desselben das Bedürfnis geltend, auch in Mussestunden einander näher zu treten. So reifte der Plan einen Verein zu gründen, der den freundschaftlichen Verkehr der Hörer unter einander und mit den Dozenten fördern und zur Erholung nach ernster Arbeit eine Stätte heiterer Geselligkeit schaffen sollte, — und „Geselligkeit" war der Name, der ihm in den konstituierenden Versammlungen am 16. und 23. November 1878 (20. u. 27. Marcheschwan 5639) von einer Anzahl von Hörern gegeben wurde, die zusammengetreten war, das zu erreichen, was der zu gründende Verein in seinem Namen barg. Dementsprechend wurde auch als Zweck des Vereins in die Statuten aufgenommen: „Die Annäherung und inniges Zusammenleben unter den Hörern des Rabbinerseminars anzubahnen." In der zweiten dieser Sitzungen wurde auch der erste Vorstand gewählt, der aus den Herren Eduard Baneth (Vorsitzender), Ludwig Stein (Kassier), L. Höxter (Protokollführer) und J. Cohn (Festordner) bestand. Unter den Gründern des Vereins begrüssen wir auch den jetzigen Dozenten unserer Anstalt Herrn Dr. H. Hildesheimer.

Nach Durcharbeitung der vorberatenen und bereits vom Rektor Herrn Dr. J. Hildesheimer genehmigten Statuten wurden diese in der ersten offiziellen Sitzung am Sonnabend, den 30. November vorgelegt und von der Corona angenommen. Ein edles Beispiel hingebender Teilnahme an den Interessen der Schüler sind die Briefe, die aus Anlass der Vorlegung und Genehmigung der Statuten unser allverehrter Rektor an den Verein sandte, und die hier, zum Teil wenigstens, ihren Platz finden mögen:

"י ל׳ מרחשון בכל דרכיך דעהו והוא יישר ארחתיך לפ״ק.

Den lieben Vertretern des Geselligkeitsvereins!

Indem ich Ihnen die mir heute übergebenen Statuten zurücksende, drücke ich Ihnen zunächst meine innige Freude über die Bildung des Vereins aus, der, wie ich hoffe, zur gegenseitigen Annäherung und Kollegialität der Seminaristen beitragen wird." — Nach einigen Ratschlägen betreffs Abänderung mehrerer Paragraphen heisst es in dem Briefe weiter: „Indem ich Sie schliesslich ersuche, mich als Kompetent der ausserordentlichen Mitgliedschaft Ihrer Generalversammlung anzumelden und die statutengemässe Behandlung dieser Meldung zu veranlassen, wünsche ich dem Verein, dass er stets לשם שמים wirksam sein und מאמר חז״ל על הפסוק בכל דרכיך דעהו וכו׳, namentlich die herrliche Auffassung des רמב״ם zum Ausdruck bringen möge. Freundschaftlichst

gez. Dr. J. Hildesheimer.

In der Sitzung vom 7. Dezember (11. Kislew) wurde der Rektor zum Protektor des Vereins ernannt, und bald ging ein zweites Schreiben desselben ein: „Beehre mich hiermit den Empfang Ihres Geschätzten vom 16. Kislew mit der Rücksendung der auf Ihren Wunsch unterschriebenen Statuten anzuzeigen und sage den Vereinsmitgliedern für die Uebertragung des Protektorats, zu dessen Annahme ich mich bereit erkläre, besten Dank. Dass meine innigsten Wünsche den Verein begleiten, brauche ich wahrlich nicht erst auszusprechen."

Anfangs bestand im Verein neben der Kategorie der aktiven Mitglieder (Hörer des Rabbinerseminars) noch die der ausserordentlichen Mitglieder, die namentlich die Dozenten in ihrer Mitte zu zählen die Ehre hatte. Diese, die Dozenten, werden seit dem 22. Mai 1886 als Ehrenmitglieder betrachtet, deren unser Verein auch sonst noch einige besitzt. Ausserdem stehen die früheren Mitglieder des Vereins als „alte Herren" mit den jetzigen in Verbindung und bekunden, wie dies später noch darzulegen ist, stets ihr Interesse am Verein. Dieses zeigt sich überhaupt in erfreulicher Weise bei allen denen, die mit unserem Verein in Beziehung stehen oder mit ihm in Berührung kommen. Ein Zeichen dieses Interesses ist auch die Namensänderung des Vereins am 3. Mai 1879 (10. Ijar 5639), an welchem Tage auf Vorschlag des Seminardozenten Herrn Dr. H o f f m a n n dem Verein der Name דבוק חברים Dibbuk-Chawerim gegeben wurde mit Beibehaltung der Zwecke und Ziele: Das Gefühl der Einheit und Zusammengehörigkeit unter den Mitgliedern zu erwecken und wach zu erhalten. Um dies zu erreichen, hat der Verein sich eine dreifache Aufgabe gestellt, die äusserlich durch die Dreiteilung der Tagesordnung einer Vereinssitzung sich kundgiebt. Dieselbe besteht nämlich in ihrer gewöhnlichen Zusammensetzung aus einem geschäftlichen, wissenschaftlichen und gemütlichen Teil.

I. Die Pflege der Wissenschaft.

Der g e s c h ä f t l i c h e Teil bezog sich zumeist auf die Ausgestaltung des inneren Vereinslebens. In ihm wurde, zum Teil in heftigen und langen Debatten, über Statutenänderungen und Geschäftsordnung verhandelt, die nach aussenhin einzunehmende Stellung des Vereins beraten und dergl. m., was für das Blühen und Gedeihen eines Vereins von ausserordentlicher Wichtigkeit ist, aber für die späteren Geschlechter und namentlich für solche, die nicht Mitglieder des Vereins waren oder sind, — und auch solchen sind diese Blätter gewidmet — sein Interesse verloren haben muss. Diese Verhandlungen waren auch stets nur für Mitglieder des Vereins und als solche intern, nicht für die Oeffentlichkeit bestimmt.

Wenden wir uns deshalb gleich der Schilderung der beiden anderen Aufgaben zu; denn auch im Dibbuk sind es stets diese gewesen, welche eine grosse Anzahl von Freunden des Vereins angezogen, die wir öfters als Gäste in unserer Mitte begrüssen durften und nicht nur als stille Zuschauer oder Zuhörer, sondern auch aktiv als Vortragende etc.

Die Ausgestaltung des w i s s e n s c h a f t l i c h e n T e i l s lag als eine der Hauptaufgaben unseres Vereinslebens dem jeweiligen Praesiden stets am Herzen, und seit den 20 Jahren des Bestehens des Vereins ist eine so stattliche Anzahl von Vorträgen gehalten worden, — welche zum Teil auch später im Drucke als Broschüren oder Einzelschriften erschienen — dass deren Manuskripte allein eine grosse Bibliothek füllen würden. Zur Charakterisierung des wissenschaftlichen Teils sei eine Reihe von Vorträgen namentlich aufgezählt. Sie erstreckten sich naturgemäss auf alle Gebiete der jüdischen Wissenschaft und behandelten als solche vor allem B i o g r a p h i e n berühmter Männer aus grosser, ruhmvoller Vergangenheit des Judentums. In dieser Beziehung seien genannt:

Moses Mendelssohn und seine Zeit (gehalten von Schiffer 1879).

Rabbenu Gerschom, seine Zeit und seine Tekanoth (L. Stein 1879).

Uriel Acosta (Wreschner 1885).

Saadja und sein Wirken (Bondi 1886, Brody 1892).

Leben und Wirken Moses ibn Esra's (Lewenstein 1889).

Der Dichter Ephraim Moses Kuh (Weinberg 1889).

Leben und Wirken des Meharam Lublin (Liebermann 1891).

ראש״ (Bleichrode 1894).

מהרש״א (Unna 1894).

Rabbi Elia Wilna (Wolf 1894).

Hartwig Wessely (Neumark 1895).

Lippmann Jomtow Heller [תוספות יום טוב] (Friedmann 1898) u. a. m.

Auch das Andenken grossser Männer wurde bei ihrem Hinscheiden oder an ihren Gedenktagen gewürdigt. So wurde z. B. am 5. Januar 1889 auf Rabbiner S. R. Hirsch צ״ל eine Gedächtnisrede gehalten und derselbe am 12. Januar noch besonders in seiner Bedeutung als Erzieher der israelitischen Jugend gezeigt.

Ausserdem wurde das Verhältnis berühmter ausserhalb des Judentums stehender Männer zu diesem charakterisiert, so in den Vorträgen:

Die griechischen und römischen Schriftsteller über Juden und Judentum (Dr. H. Hildesheimer 1880).

Richard Wagner und die Juden (Reckendorf 1884).

Schopenhauer und das Judentum (Rosenthal 1891).

In reicher Anzahl wurden **biblische und talmudische Themata** behandelt. Erstere sind z. B.

Die scheinbaren Widersprüche im 1. und 2. Makkabäerbuche (Dozent Dr. Hoffmann 1879).

Der Stand der pentateuchischen Kritik der neuesten Zeit (idem.)

Entstehen der hebräischen Vokalisation (J. Cohn 1881).

Die ältesten Keilinschriften (Reckendorf 1883).

Das apokryphische Buch der Weisheit (Dozent Rabbiner Dr. S. Cohn 1885).

Ueber die Apokryphen (Rosenmann 1893).

Ueber die Mechilta (Petuchowski 1893).

Zur ästhetischen Würdigung der Bibel (Dozent Dr. Wohlgemuth 1898).

Als **talmudische Themata** seien genannt:

Mitteilungen aus S. D. Luzzato's handschriftlichem Commentar zur Sprache der Mischna (Dozent Dr. Berliner 1880).

Beiträge zur Isagogik aus Talmud und Midrasch (Dr. Hoffmann 1882).

„Minhag" im Talmud (Wreschner 1885).

Die Boreitha der vier Söhne, ein Beitrag zur Kritik der Mischnalitteratur (Dr. Hoffmann 1886).

Geschichte und Wesen der Kodifikaiton des Talmud (Rektor Dr. J. Hildesheimer 1889).

Abschreckungstheorie in Bibel und Talmud (Ed. Goitein 1890).

Talmudische Causerien (Dr. Berliner 1891).

Die Methodik jüdischer Wissenschaft behandeln die Vorträge:

Ueber den talmudischen Grundsatz אין אדם דן ג"ש מעצמו (Landau 1886).

Deutungsregeln der heiligen Schrift (Königsberger 1890).

Das halachische System des Rabbi Ismael unter besonderer Berücksichtigung der י"ג מדות (Petuchowski 1892).

Ueber David Halevi (ט"ז) und Sabbathai Kohen (ש"ך) (Unna 1894).

Prolegomena zur Methodologie der halachischen Exegese (Verhältnis von פשט und דרש) (Dr. Ed. Biberfeld 1896).

Wie das Judentum an allen Wissenschaften und Künsten regsten Anteil genommen und in allen Zweigen menschlichen Könnens und Wissens seine Vertreter aufzuweisen hat, dies wurde gezeigt u. zw. für die Philosophie in den Vorträgen:

Zur Philosophie des jüdischen Mittelalters (Ludw. Stein 1880).

Die Willensfreiheit bei den jüdischen Philosophen des Mittelalters (idem 1881).

Der Einfluss des More auf die neuere Philosophie (Münz 1886),

für die Medizin durch Behandlung der Themata:

Die jüdischen Aerzte im Mittelalter (Münz 1883).

Maimonides als medicinische Autorität (idem 1884).

und für die Musik durch den Vortrag:

Die Musik bei den Hebräern (Ackermann 1892).

Die Stellungnahme des Judentums zu sozialen und ethischen Fragen wurde beleuchtet durch Vorträge wie:

Ueber die Fundamentalprinzipien der Ethik im Talmud (H. Goitein 1886).

Der Talmud und die sozialen Pflichten des Judentums (Rabbiner Dr. Petuchowski 1898).

Themata allgemeineren Inhalts sind:

Die Prophetie nach Maimonides (M. Olitzki 1882).

Die jüdische Speisekarte (Dr. Berliner 1896).

Ueber Aberglauben (id. 1897).

Interessante Epochen aus der jüdischen Geschichte und Litteratur wurden behandelt und kritisch dargestellt. Für ersteres Gebiet seien genannt:

Die Grundverschiedenheit zwischen den Peruschim und Zedukim (Ed. Baneth 1881).

Geschichte der Samaritaner (Osc. Baehr 1881).

Der Baumkultus bei den Kanaanitern (Münz 1882).

Die Juden in England (Goldschmidt 1882).

Die grosse Synagoge (Dr. Hoffmann 1883).

Die jüdische Gemeindeverfassung im Mittelalter (Dr. Berliner 1886).

Briefwechsel zwischen Is. ibn Schaprut und dem Chazarenkönig Joseph (Eppenstein 1885).

Die jüdischen Gemeindeverhältnisse in Deutschland (Biberfeld 1889).

Die politische Organisation der jüdischen Gemeinden im talmudischen Zeitalter (Weinberg 1891).

Aus Rom im Jahre 1775, ein Schreckensblatt in der Geschichte der Menschheit (Dr. Berliner 1893).

Die Kolonisation Palästinas (Herr W. Bambus, als Gast, 1894).

Jüdisch-byzanthinische Beziehungen (Freimann 1897).

Die Sabbatarier (Kramer 1898).

Als Themata aus der jüdischen Litteraturgeschichte seien aufgeführt:

Das älteste jüdische Litteraturwerk in Italien (Dr. Berliner 1880).

Aus neuhebräischem Sprachgebiet (Dr. Berliner 1885).

Himmel- und Höllenfahrten in jüdischen Bearbeitungen (Loewenthal 1888).

Streit zwischen Jonathan Eibenschütz und Jakob Emden (Kaatz 1890).

Beiträge zur Geschichte der Reuchlin'schen Bewegung (M. Weyl 1894).

Das Mittelhochdeutsche bei den Juden (Dr. Berliner 1895).

Die Lieder der Liebe in der spanisch-hebräischen Poesie des Mittelalters (Brody 1898).

Dass man aber auch in anderen Litteraturen die Juden und jüdische Stoffe gerne behandelte, zeigen z. B. die Vorträge:

Jüdische Stoffe bei Chamisso (Jarecki 1896).

Die Juden in „Soll und Haben" und in „Ut mine Stromtid" (Gronemann 1896).

Von synagogalen Stoffen wurden z. B. behandelt:

Zur Geschichte der Haftaroth (Baehr 1880).

Zur Entstehung der Keduschah (Dr. Berliner 1882).

Die historischen Momente im שמע - Gebet (Dr. Hoffmann 1884).

Das שיר היחוד (Dr. Berliner 1898).

Das Orgelspiel beim Gottesdienst (Munk 1889).

Der letztere Vortrag zeigt, dass besonders auch Zeitfragen, die das orthodoxe Judentum oder das Judentum im Allgemeinen berühren, nie des Interesses für unsern Verein ermangelten. So wurde auch der Antisemitismus behandelt durch eine Besprechung und Erläuterung der gegenüber den antisemitischen Verläumdungen erschienenen Rabbinererklärung i. J. 1893 (Dr. Hoffmann),

ferner durch den Vortrag:

Wie kann die Jugend an der Bekämpfung des Antisemitismus teilnehmen (Dr. Hildesheimer 1894).

Der Zionismus wurde besprochen in zwei Diskussionsabenden, an denen wir eine grosse Anzahl von Anhängern und Gegnern der zionistischen Bewegung in unserem Verein begrüssen zu können das Vergnügen hatten. Es schloss sich nämlich nicht nur an die meisten Vorträge, je nach Interesse und Anlage des behandelten Themas, eine längere oder kürzere Diskussion an, sondern es besteht seit langer Zeit in unserem Vereine die Einrichtung besonderer Diskussionsabende, in denen über ein bestimmtes Thema diskutiert und dasselbe womöglich von allen Seiten und Standpunkten aus beleuchtet wurde. Diese Themata herauszuwählen ist Aufgabe einer besonderen Kommission, wie überhaupt für die verschiedenen Gebiete der Wissenschaft stets besondere Kommissionen gebildet werden, welche Themata auszuwählen, Anregungen zu geben und Auskünfte zu erteilen haben, so eine litterarische Kommisson, eine historische Kommission u. a. Besonders interessante Themata, die in eigenen Diskussionsabenden ihre Behandlung fanden, sind ausser dem schon genannten Zionismus und der Orgelfrage folgende: Die Frage über den Streit in der Mischna, speziell den über הלכה למשה מסיני; das Scheiteltragen; das Talartragen; wie denkt das Judentum über Engel?; Judentum und Toleranz; der Judenstaat, und Judentum und Sozialismus. Wie man sieht, sind auch hier die verschiedenartigsten Themate behandelt worden.

Um stets den Mitgliedern des Vereins Gelegenheit zu geben, sich über neue Erscheinungen auf jüdischem Gebiete oder über die das Judentum behandelnden Schriften wenigstens zu orientieren, wurden an vielen Abenden Referate über diese gehalten und seit 1896 sogar besondere Litteraturabende eingerichtet, an denen stets über eine Reihe solcher neuerschienener Werke objektiv in Kürze referiert wurde.

— XIII —

Doch auch über die Tagesfragen, welche die Welt und das Judentum im Allgemeinen interessieren, wollen wir uns jederzeit unterrichten können und mit Rücksicht hierauf hält der Verein die bedeutendsten jüdischen Zeitungen, die stets den Mitgliedern frei zur Verfügung stehen. Auch über dem Zeitungswesen steht eine rührige Kommission, der die Verwaltung obliegt. Die Uebung der Sprache unserer Ahnen und unserer heiligen Schriften wurde, wenigstens eine Zeitlang, erreicht durch Einrichtung von Uebungskursen im hebräischen Stil.

Ist oben auch nur eine verhältnismässig geringe Anzahl der gehaltenen Vorträge angeführt worden, so zeigen doch schon diese neben den anderen Institutionen des Vereins auf diesem Gebiete, dass derselbe sich die Pflege jüdischer Wissenschaft unter seinen Mitgliedern stets angelegen sein liess. Dass dies aber immer und namentlich in den ersten Jahren des Bestehens des Vereins in vollem Masse ermöglicht wurde, ist besonders auch der liebenswürdigen Bereitwilligkeit unseres verehrten Herrn Rektors und unserer Herren Dozenten zu verdanken, die sich oft der Mühe unterzogen, an unseren Vereinsabenden Vorträge zu halten. Auch Gäste hatten wir an solchen als Vortragende zu begrüssen die Ehre, was uns am besten den Beweis liefert für das Interesse, das man auch ausserhalb unseres Vereins an den Bestrebungen desselben nimmt.

II. Pflege der Geselligkeit.

In einem Verein, der die Pflege der Geselligkeit unter seinen Mitgliedern erreichen will, muss die Gemütlichkeit ihre Stätte finden und diese fand sie in unserem Vereine in dem „gemütlichen Teil", der — wenn auch sonst mal ein wissenschaftlicher Teil durch die Länge geschäftlicher Debatten verdrängt wurde, — nie ausfiel, wenn nicht aus religiösen Gründen, wie in den sogen. 3 Wochen. Und durch diesen Teil wurde es vor allem ermöglicht, dass sich das Gefühl der Zusammengehörigkeit der Mitglieder so stärkte, wie es geschehen und wie es sich bei allen Gelegenheiten dokumentiert, mögen letztere in freudigen oder traurigen Ereignissen ihren Anlass haben. Gab es in der Familie eines Collegen eine freudige Feier, feierte ein College Verlobung oder Hochzeit — die Freude lebte in aller Dibbukianer Herzen und fand ihren Ausdruck in kräftigen Salamandern; soweit es anging, waren bei den Hochzeitsfeiern Deputierte des Vereins anwesend, oder es wurde wenigstens auf telegraphischem Wege der Glückwunsch desselben übermittelt. Doktorfeiern sind ב״ה nichts Seltenes im Dibbuk, und manches Achtel wurde aus Anlass derselben schon „geschmissen". Auch Abschiedsfeiern in die Ferne ziehender, in ihr Amt tretender Collegen, vereinigten stets den ganzen Dibbuk, um den scheidenden Kommilitonen in fröhlich-ernster Stunde den Abschiedsgruss zu geben, bis er wieder einmal nach Berlin kommt und dem Dibbuk durch sein Erscheinen eine besondere Freude bereitet.— Doch auch in ernsten und traurigen Lagen schliesst der Dibbuk ein festes Band um seine Mitglieder, und wenn, was G. s. D. selten der Fall war, wir den Verlust eines lieben Mitgliedes unseres Vereins durch den Tod zu beklagen hatten, dann bethätigte der Verein neben dem allgemeinen jüdischen Gebote des גמילות חסדים noch speziell das der Freundesliebe, und unvergesslich wird das Andenken der in voller Manneskraft dahingeschiedenen Kommilitonen in unserem Herzen fortleben.

Galt es hinwiederum den Dibbuk zu ehren, so war auch nie die Erinnerung bei unseren alten Herren geschwunden an die fröhlichen Stunden, die sie im Dibbuk verlebt und gerne brachten sie diese Erinnerung in einem äusseren Zeichen zum Ausdruck, dadurch, dass sie bei den alljährlich wiederkehrenden Festen des Vereins ihre Glückwünsche für das Gedeihen desselben brieflich oder telegraphisch übersandten, oder, was den Festen stets eine besondere Weihe gab, sie durch ihr persönliches Erscheinen ehrten.

Und dies innige Verhältnis, das sich hier unseren Blicken zeigt, ist vor allem erreicht worden durch die Ausgestaltung des gemütlichen Teils. Welche Freude herrscht bei demselben, wenn lustige Bierreden mit feuchtfröhlichen Liedern wechseln, wenn man, an keinen allzustrengen Comment gefesselt, sich einer fröhlichen Ungebundenheit hingeben kann. Einen besonders freudigen Charakter nehmen aber immer diese Sitzungen an, wenn bei Beginn des Semesters den neu eingetretenen Collegen die obligaten Bier- oder Kneipnamen zugelegt werden. In fröhlicher Weise wird über die vorzunehmende Namensgebung beraten, werden die Momente erwogen, welche die Namenskommission veranlassen könnte, jemanden gerade den Namen beizulegen, dessen er für würdig befunden wurde. Und mit welch' unermüdlichem Eifer diese Kommission stets ihres Amtes waltete, zeigt die reiche Fülle so interessanter wie treffender Namen, die unsere Mitglieder führen. Unserem Studium als Theologen angemessen, finden wir hier vor allem die 5 Bücher Moses (Genesis bis Deuteronomium). Um nun in diesen richtig „Pschat" und „Drasch" lernen zu können, hat man uns in wohlweiser Absicht den „Onkelos" an die Hand gegeben. Ein Onkel ist bekanntlich meistens unzertrennlich mit einer Tante verbunden, und so auch bei uns Onkelos und Tantalus.

Mit Tantalus kommen wir aber auch schon in ein anderes Gebiet der Onomatologie und gelangen in die erlauchte Gesellschaft der griechisch-römischen Halbgötter, von denen wir noch eine Reihe alter Bekannter aus den Geschichtsstunden im Pennale begrüssen können in Sisyphus, Romulus, Jupiter Optimus, dem ein Pontifex treu zu Diensten steht; auch die Schelme Cupido und Bacchus, die den Dibbukianern schon manches Leid und manche Freude angethan, vermissen wir nicht. Doch steigen wir in niedrigere Sphären zu den gewöhnlichen Menschensöhnen herab, so haben wir auch Vertreter von Gelehrsamkeit und Tapferkeit und anderen Tugenden oder Untugenden in Aurelius Victor, Paris, Leonidas, Aristoteles, Caligula, Demokrit, Catilina, Diogenes.

Jedoch nicht nur das Andenken berühmter Männer sollte durch unseren Dibbuk der Nachwelt überliefert werden, auch interessante Zeit und Tagesereignisse erhielten den Stempel der Ewigkeit aufgedrückt durch unsere Namenskommission. China und Japan hatten kaum noch den Krieg begonnen, als in prophetischem Blicke drei Prachtexemplare unserer Füchse die Namen Wai, Hei und Wai II erhielten. Kann man den Sohn des himmlischen Reiches mit seiner gelben Weste für seine Reise nach Berlin fürstlicher belohnen, als indem man einen krassen Fuchs Li-hung-tschang benamset? Hätte es dem russischen Väterchen nicht auch genügen können, dass „Boris" in den Schoos des allein selig machenden Dibbuk aufgenommen ist? Kann man einen Entdecker wie Koch anders feiern, als indem man im Dibbuk stets einen „Bazillus" herumlaufen lässt?

Für die Anregung zu litterarischen Erzeugnissen ist gewiss nichts so geeignet, wie die Thatsache, dass Namen von Theaterstücken, die schon längst den Weg der Vergessenheit gegangen oder denselben zu beschreiten im Begriffe sind, bei uns der Vergessenheit wieder entrissen wurden, wie durch Commilitonen „Ta-Ta"-„To-To", „Zaza" und „Mene" „Tekel".

Und wer möchte glauben, dass wir in unserem Dibbuk den allein echten, vor Nachahmung patentierten, Erfinder des Schiesspulvers (cf. „Aus Bierzeitungen" S. 51) in College Tipseles aufweisen können? Doch hinweg mit dem Vater der blutigen Kriege und lauschen wir noch eine Weile den sanft hinsterbenden Gesängen der Minka und des Olis. Auch sonst ist der gemütliche Teil häufig mit verschiedenen Erheiterungen durchsetzt, und nur schwer trennt man sich vom gemütlichen Dibbuklokale nach langem Weilen in demselben.

Die Dibbuksitzungen werden im Sommer öfters ins Freie verlegt, und in schönster Weise wird hierbei das Angenehme mit dem Nützlichen verbunden, wenn auch ein Vortragender sich bereit findet, mit hinaus zu fahren aus der Grossstadt Lärmen und wir dann nach ernster Wissenschaft dem Frohsinn im schattigen Grün sein Recht zukommen lassen.

Wird nun auch der Dibbuk in sehr vielen Sitzungen durch das Erscheinen von Gästen erfreut und geehrt, so geschieht dies zweimal im Jahre in ganz erhöhtem Massstabe. Denn zweimal, in frostiger Winterszeit und in schwülen Sommertagen, findet der Dibbuk Gelegenheit, vor Freunden und Bekannten von seiner Lebensfähigkeit auf das Schönste Beweise zu liefern, er sucht das Interesse, die Liebe und die Anhänglichkeit der ihm nahestehenden festzuhalten und zu erhöhen durch seine beiden Festveranstaltungen: Sein Stiftungsfest und seinen Sommerausflug zu Ehren des Ehrenpräsiden und Rektors Herrn Dr. J. Hildesheimer.

Von kleinen Anfängen emporsteigend nehmen unsere Stiftungsfeste ein immer grösseres Gepräge an. Stets um die Chanukazeit beginnt unter den Mitgliedern des Dibbuk ein eifriges Arbeiten, ein Hasten und Jagen, ein Rennen und Laufen, ein Zeichen, dass etwas Grosses im Anzug ist. Da werden in den sonst ernsten Studien geweihten Seminarräumen Proben veranstaltet, dort auf dem Zimmer eines Kollegen in nächtlichen Zusammenkünften Beratungen gepflogen, so man zu deutsch Sitzungen der F. C. nennt, hier läuft ein Füchslein zum Drucker, dort einer zum Friseur, ein Dritter zum Dekorateur und — hier ist ein Dichterlein über seinen eigenen Versen sanft eingeschlummert. Und die Stunde des grossen Tages naht, von dem schon der selige Homer sang, dass er „einst kommen wird", schnell noch von der Wäsche die weissen Glacés abgeholt! Frack gepumpt! Cylinder aufgebügelt und schleunigst gegangen — zum Festkommers des Dibbuk, denn dies ist es, was schon lange die Dibbukianer in Unruhe versetzte. Aber nicht immer war es so. Anfangs wurde das Stiftungsfest des Vereins in ganz kleinem Massstabe gefeiert, — nur das VI. Stiftungsfest hatte das Vergnügen, fünf auswärtige a. H. a. H. begrüssen zu können, — und bald etwas grösser, bald etwas kleiner wurde es gefeiert, bis im Jahre des Heils 1894 mit der allgemeinen Verbreitung der Frauenemanzipationsbestrebungen sich das weibliche Geschlecht auch in unserem Kommerssaal einen dauernden Sitz errang. Waren auch schon seit 1892 (XIV. St.) die Stiftungsfeste in grösserem Massstabe gefeiert worden, so sind diese Feste von dem Momente an, wo eine rührige F. C. unsere Veranstaltungen auch denen zugänglich machte, die Bescheid wissen, auf die Frage, „was sich ziemt", auch in „geziemender" Weise noch mehr vergrössert worden.

Und die Erinnerung an angenehm verlebte Stunden musste anhalten, bis wieder der Dibbuk der Aussenwelt ein Lebenszeichen gab, dass er nicht eingerostet, bis er einlud zu einer Dampferfahrt, einer Kremserpartie oder zu einer Eisenbahnfahrt, oder auch zu combinierten Reisen und Fahrten, — zum Sommerausflug! Und gerne folgte man stets, galt er doch dem Geburtstage des verehrten Protektors des Vereins, eilte doch Alt und Jung, Männlein und Weiblein herbei, um mit dem Protektor auch den Verein zu ehren und zu feiern.

In den Waldesschatten und an den Uferstrand, in
den Grunewald oder an den Müggelsee, nach Treptow
und Schildhorn, Moorlake und Grünau ruft der Dibbuk
jeden Sommer seine Gäste, und stets kommen sie in
grosser Zahl. Alljährlich wurde so die Geburtstagsfeier
des רבי נ״י begangen, nur im Jahre 1891 fiel der Ausflug
wegen der Judenverfolgungen in Russland aus, und
wurden die Kosten desselben dem Unterstützungs-
Comitee überwiesen.

Daneben hat der Verein noch öfters Veran-
lassung gehabt und genommen, während seines zwanzig-
jährigen Bestehens festliche Tage zu begehen. So gab
es Purimfeiern und Doktorschmäuse, so wurde die 100.,
300. und 500. Sitzung — letztere fiel mit dem 18.
Stiftungsfeste zusammen — besonders ausgezeichnet,
so veranstaltete der Verein i. J. 1896 anlässlich der
1. Versammlung des allgemeinen Rabbiner-Verbandes
eine Festsitzung für Freunde und alte Herren des
Dibbuk, und eine stattliche Anzahl junger und alter
Männer, die dem gleichen Berufe angehören oder zu-
streben, versammelte sich am 28. Dezember 1896 zu
dieser Dibbuksitzung, um wieder einmal einen frohen
Dibbukabend zu verleben oder einen solchen neu kennen
zu lernen.

Ganz besondere Festtage waren jedoch für den
Verein die Ehrentage jener Männer, die zu feiern ihm
am allerersten zustand, die Ehrentage des Rektors und
der Dozenten.

Im Jahre 1890 wurde der 70. Geburtstag unseres
רבי נ״י von seinen Freunden und Verehrern in besonders
feierlicher und festlicher Weise begangen; bei Fest-
gottesdienst und Festbankett und durch ein חינוך הסדר
feierte ihn die Schule, der er seit 17 Jahren treuer
Führer und Leiter gewesen, und auch der Dibbuk
brachte seinem Meister seine Huldigung dar durch Ver-
anstaltung eines besonderen Ausfluges am Dienstag,
den 20. Mai 1890 und durch Aufführung eines Fest-
spieles „Der Wörtchen Weihe", einer allegorischen,

eigens zu dieser Feier verfassten, Dichtung. Des stimmungsvollen Gehaltes wegen, möge hier das Einzugslied des „Wörtchen", die neben Thora, Mischna, Gemara, Rischonim und Acharonim dem Meister ihre Huldigung bringen, seinen Platz finden:

Göttlicher Weisheit
Glänzende Pforten
Oeffnen mit Klugheit
Wir aller Orten.
Nimmer müd' weilen!
Vorwärts stets eilen!
Ohne Rast, ohne Ruh!
Immerfort, immerzu!

So schickt uns der Meister,
Der Herr aller Geister,
Hinaus in die Lande
Zu jeglichem Stande,
Auf dass wir erfragen
Und hin zu ihm tragen
Tiefernste Wahrheit
In heiterer Klarheit.

Und was wir erkunden,
Und was wir gefunden,
Das bannt er mit Liebe,
Dass treu es ihm bliebe.
Mit kundiger Hand,
In kunstvollem Band,
Nach seiner Weise
In Zauberkreise.

Da zucken die Blitze
Geistsprühender Witze,
Verscheuchen die Sorgen
An jeglichem Morgen,
Vertreiben dem Meister
Die Hitze des Tages,
Und niemand vermag es,
Zu bannen die Geister.

Und will er erfreuen
Die Schaar der Getreuen,
So streut er die Gaben,
Dran alle sich laben. —
So schmücken das Leben
Des Geistes die Wörtchen;
Drum preisend erheben
Mag alles die Wörtchen.

Und nur wenige Jahre waren vergangen und wieder konnte der Dibbuk teilnehmen an der Feier des 70. Geburtstages eines lieben Lehrers, des Dozenten Herrn Rabbiner Dr. S. Cohn; und wieder ein Jahr und wieder rief die Festesfreude die Dibbukianer zusammen, um in einer Festsitzung Herrn Dr. A. Berliner seine Ovationen darzubringen anlässlich des 60. Geburtstages desselben.

Stets war es eine Freude und Jubel im Dibbukskreise, wenn solche Tage Dozenten und Schüler in froher Stunde vereinigten, Feste zu begehen zur Ehrung der Männer, denen wir so vieles verdanken, zu denen die Dibbukianer von jeher als zu geliebten Lehrern und Führern emporblickten.

Was war es aber, das den Festveranstaltungen des Dibbuk stets ein eigenes Gepräge, denselben einen besonderen Charakter verlieh?

Der Dibbuk feierte stets seine Feste nur mit eigenen Mimiken, die von kunstgeübter Feder zu unseren Festen geschrieben — und noch nie fehlte es uns an einem poëta laureatus, der seine Muse in den Dienst des Vereins stellte; der Dibbuk sang Lieder, die ihm gewidmet waren von Mitgliedern zum würdigen Begehen des Festes. Er veranstaltete stets eine Bierzeitung, die ein scherzhaftes Bild vom Seminar und Seminaristen, Dibbuk und Dibbukianern gab, und ein Zeichen der innigsten Beziehungen zwischen Dozenten und Hörern ist es, dass jene gern gestatteten, dass man auch sie als Zielscheibe leichten Witzes gebrauchte. Diese Liederhefte und

Bierzeitungen bildeten stets ein liebes Andenken an die Feste des Dibbuk.

Diese Blätter bringen eine Auswahl von Liedern, die seit 20 Jahren des Bestehens des Vereins von Mitgliedern gedichtet und bei Veranstaltungen des Vereins gesungen wurden, wie auch eine kleine Blütenlese aus verschiedenen Bierzeitungen. Leider ist jedoch, aus der ersten Zeit des Bestehens des Vereins namentlich, manches dem Archiv verloren gegangen, so dass vielleicht noch manche Blume in dem Dichterwald des Dibbuk geblüht hat, aber verloren und vergessen ist.

Wir wollen hier noch dem Chronisten des Dibbuk das Wort geben, um ein Bild zu erhalten von den **Mimiken**, die der Verein aufführte. Aus dem Jahre 1894 berichtet der Schriftführer (Dr. Liebermann):

„Man ist an dem Punkte des Programms angelangt, der schon lange lieblich und lockend von der Ferne gewinkt und den die Damen am liebsten an den Anfang der Tagesordnung gesetzt hätten: an der Mimik! Welches Repertoire! Zwei Stücke: „Die Räuber" von Schiller und „Wai-Hai-Wai-" von Ca-Ti-Li-Na! Räuber, Seminaristen, Schufterle, Jarecki, Kati-Lina, Flink-Flunk, Tipseles, Confucius wühlten im Gehirn durcheinander, man bebte vor Begierde, man steckte die Köpfe zusammen, da klingelt's: „Die Räuber". Die Damen brachen das heisse Gespräch ab. נעשה ונשמע — sagten alle — nu wollen wir machen, dass wir hören! — Der Vorhang geht auf, der alte Moor durch eine Ouvertüre in Schlaf versenkt, erwacht aus seinen unruhigen Träumen, Franz tritt auf. „Ist Euch wohl mein Vater?" — „Himmel, wie hübsch das werden wird!" — sagten sich die Nachbarinnen; „ach hätt' ich doch wenigstens den Text hier!" — seufzte ein Backfisch dort oben. Das Zwiegespräch setzt sich indes auf der Bühne fort, man lehnt sich behaglich zurück. „Ach wie köstlich das bloss wird!" „Ein regelrechtes Theaterstück, Kostüm, Dekoration, Beleuchtung etc. famos überhaupt!" „Gott, Gott, was muss ich hören", — stöhnte der alte Moor. „Was, ist Euch nicht wohl? Vater? Vater! was muss ich sehen?!" . . . „Mein verehrtes Publikum" — stöhnt Franz — „wie Sie sehen — ist mein Vater — leider plötzlich erkrankt — wir können - bedauerlicherweise die Vorstellung nicht fortsetzen — ich bitte daher - um die Verlesung der Fest-Zeitung."

Der Vorhang fiel von den Ringen und die Gäste wie aus den Wolken. Ein Brausen und Tosen übertönt die hunderterlei Kehlen; „Räuber, Wei-Hai-Wai — Kati-Lina-Confucius" — erscholl es in

chaotischem Wirrwarr. Der Lärm liess sich kaum besänftigen, und nur der Gedanke, dass wieder was Neues komme, konnte endlich die Ordnung einigermassen herstellen. — —
Nun entstand wieder eine Bewegung; jetzt kommt Wai-Hai-Wai. „Wird's uns nicht ergehen, wie früher?" „Ist's Ernst oder Spiel?" Aus dieser Confusion rettete uns nur der Namensvetter Confucius. Im Jahre 1111 nach Confucius gab es nämlich in Peking ein Mandarinen-Seminar ersten Ranges. „Was in China ein Seminar?" — rief eine gute Seele oben — „Wai-Hai-Wai!" Jawohl, ein Seminar in Peking, für das ein neuer Professor und ein neuer Pedell engagirt werden sollte. Dem Prorektor Ba-Ra-Tha, werden die gewünschten Beamten empfohlen, ein Professor, der halb taub ist und ein Pedell, der in elender Weise stottert: „Nette Kräfte das" — flüstern die Damen — „Wai-Hai-Wai!" — Allein der Prorektor Ba-Ra-Tha, der in der dumpfen Zimmerluft etwas zerstreut zu sein pflegt, verwechselt die Merkmale der beiden Personen, die sich ihm vorstellen sollen. In dem hereintretenden Professor Chi-Chu-Chei, der das Sprachrohr hervorholt, glaubt er den neu anzustellenden Pedellen und in dem stotternden Pedellen Klotz-Potz-Totz den künftigen Professor vor sich zu haben. Diese unselige Verwechslung ist die Quelle vieler komischer Szenen. Durch das ganze Stück aber zieht sich als heitere Episode das Treiben eines amerikanischen Ingenieurs Mr. Pumpsmith, eines Humbugmachers, der mit seinem neuerfundenen Phonograph die Vorlesungen des Professors ersetzen will. „Was" so rief eine Professorsfrauenstimme — „die Professoren ersetzen! Wai-Hai-Wai!" Nach einigen Verwicklungen geht dem Professor ein Licht auf, die Ordnung wird wieder hergestellt, es folgen einige wohlgelungene Couplets. Lange anhaltender, rauschender Beifall zeugte von dem bedeutenden Eindruck, den das Stück auf die Anwesenden gemacht. Der Dichter wurde hervorgerufen und mit schallendem Applaus empfangen".

Die Erlebnisse eines Dibbukianers oder Seminaristen stellten meistens die Mimiken in humoristischer Weise vor, so die Erlebnisse eines solchen im schwarzen Wallisch zu Askalon (1885), oder es wurden Bilder aus dem Seminaristenleben geboten, wie dessen Aengste und Nöte beim Erwachen, beim halachischen und homiletischen Vortrag, bei der Josephus-Vorlesung und in seiner Eigenschaft als Hilfsprediger (1892). So wechselten in bunter Reihenfolge Mimiken burlesken mit solchen lustspielhaften Charakters.

Besonders originell war die Form, in der die Heftchen, welche die Litteratur für ein Fest enthielten,

bei den Veranstaltungen des Dibbuk in den letzten Jahren
dargereicht wurden. Beim Ausfluge im Jahre 1894 gab
es ein Rundreisefahrscheinheft für die Reise von Janno-
bis Schmöckwitz, und in anzuerkennendster Weise wurde
es — was sonst nicht der Fall zu sein pflegt — pro-
longiert durch den Stationsvorsteher Geschem, בלעי Jupiter Pluvius. Die Lieder standen auf den einzelnen
Fahrscheinen. Von besonderer Aufmerksamkeit zeugten
die Beförderungsbedingungen, die den Mitreisenden
vorgeschrieben waren: Für alle Teilnehmer war Freige-
bäck, soweit solches vorhanden, bis zu unbegrenztem Ge-
wichte gewährt und um niemanden in seiner Bequem-
lichkeit zu stören, brauchte niemand bei Untersuchung
des selbst mitgebrachten Ge-bäckes durch die V. C. anwesend zu sein, sondern man konnte die Schlafwagen,
als welche die unteren Kajüten des Vergnügungs-
dampfers freigehalten waren, gratis benützen. Fahrt-
unterbrechung war überall gestattet, selbst während
der Fahrt, nur wurde davon in wohlmeinender Absicht
abgeraten, in der Erwägung, dass das Wasser keine
Balken hat.

Als eine litterarische Gabe wurde die Liedersammlung
des Ausfluges 1895 geboten, welche den 1. Teil einer Geschichte der jüdischen Litteratur enthielt und zwar die
litterarischen Abhandlungen und kritischen Analysen
nebst Proben der Hauptvertreter der naturalistischen
und idealistischen Dichterschule am Seminar. Aus
diesen wurden uns vorgeführt Erzeugnisse der Wasser-
und Kaffee-Dichter, der Stullen- und Elegischen Dichter.
Den Wert dieses Heftchens kennzeichneten schon die
Urteile aus der „Jüdischen Presse" und dem „Israelit",
die gleichzeitig als Empfehlungen mitschienen und in
wohlgelungener Weise den Stil der beiden genannten
Blätter nachahmten. Aus der Jüdischen Presse wurde
citiert: „Wenn es noch eines Schimmers eines Beweises
für den fleckenlosen blanken Ehrenschild unserer Litteratur gegenüber den satanisch wüsten Expektorationen
alkoholbetäubter Hetzcaplane bedürfte, so ist er durch

dieses Werk auch für das blödeste Auge erkennbar, erbracht worden .... Es ist ein Kiddusch Haschem in des Wortes eminentester Bedeutung." Der Israelit hat sich in gleicher Weise rühmend ausgesprochen, wie folgendes zeigt. Er schrieb: „Wir begrüssen mit aufrichtiger Freude das vorliegende ספר, das, wie wir hören, zu Ehren des Geburtstages אדונינו מורנו ורבנו הגאון ר' עזריאל הילדעסהיימער ני verfasst ist. Es war für uns eine wahre שמחת מצוה zu sehen, wie solche תלמידי חכמים für die Verbreitung litterarischer Kenntnisse בכל תפוצות thätig sind. Wir wollen daher allen unsern Lesern זכותם יגן עלינו aufs wärmste die Anschaffung dieses ספר empfehlen וכל המרבה לקנות הרי זה משובח."

Im Jahre 1896 war in Berlin anlässlich der Gewerbeausstellung ein „Ideal"-Büchlein erschienen, welches eine Zusammenstellung von Koupons für die Besichtigung derselben enthielt. In humoristischer Nachahmung wurde die für den Ausflug des Dibbuk zusammengestellte Liedersammlung in ein solches „Ideal" vereinigt, welches mit mannigfachen, höchst wertvollen Koupons versehen.*) „Wenn auch die Anweisung auf eine staubfreie Müllkutschen-Fahrt (entsprechend den Mail-Coachs) nur für Liebhaber Wert hatte, dürfte doch wohl die Tasse Kaffee bei Bauer, zu der der Konpon II, freilich gegen 25 Pf. Nachzahlung, einlud, nur von einer Minderzahl ewig ungetrunken geblieben sein. Dass die Lotterie, zu deren Teilnahme Koupon III berechtigte, ebenso wie die Stellenanweisung sub IV auf reeller Basis beruhten, sollte sich noch im Laufe des Tages ausweisen. Die Ermässigung für die Inhaber von V beim nächsten Ausfluge dürfte beim Stammpublikum des Dibbuk Chawerim auch Freude erregt haben, und dass der vom Anhören einer Predigt dispensierende Schlusskoupon nicht unbenützt bleibt, dafür dürften ausser unserer eigenen Erfahrung uns die durch lange Beobachtung erworbene Kenntnis der Hörer und Redner selbst Gewähr bieten. Das Buch war mit zahlreichen

---

*) Aus dem Protokoll des Herrn S. Gronemann.

Illustrationen versehen, und ausserdem befand sich darin auch Raum für poëtische und kritische Ergüsse der Besitzer." Bei demselben Ausfluge war noch eine sog. „Tulpenthaliade" als Festgabe geboten worden, die von Herrn S. Gronemann verfasst und von Herrn H. Struck illustriert war, der auch sonst stets in liebenswürdigster Weise seinen Pinsel und seine Feder dem Dibbuk zur Illustrierung der Bierzeitungen zur Verfügung stellte. „Es quälten sich mit K'wone dran H. Struck und Sammy Gronemann." Die Tulpenthaliade enthielt die Beschreibung vom Leben und Wirken des Rabbinatskandidaten Chaim Tulpenthal von der Wiege bis zum Grabe; in rührenden Versen besang sie unseres Chajim Lebensweg, der sich von Koschmin nach Berlin hinzog und von hier bis zu der Gemeinde, in der Chajim bis zu seinem seligen Lebensende ehrenvoll wirkte.

Auch dem modernen Sporte des Ansichtskartensammelns wird seit Jahren von unserem Verein Rechnung getragen, indem bei den Ausflügen solche Karten mit poëtischen Ergüssen unseres Vereinsdichters in alle Welt versendet werden konnten.

So suchte der Dibbuk auch durch die Pflege von Frohsinn und Gemütlichkeit sich immer mehr Freunde und Anhänger zu erwerben. Mit Freude kann heute der Dibbuk zurückblicken auf die 20 Jahre seines Bestehens, in denen es ihm gelungen, die Ziele und Zwecke, die seine Gründer ihm gesteckt, auf gerader Bahn vorwärtsschreitend zu erreichen, durch Ausbau und Kräftigung des inneren Vereinslebens, wie durch Pflege der Wissenschaft und Geselligkeit. Möge der Verein weiterhin fortschreiten auf diesem Wege und es ihm gelingen, sich die Liebe und Anhänglichkeit aller Derer zu erhalten, die er heute schon zu seinen Gönnern rechnen darf. Möge es ihm gelingen, deren immer mehr zu gewinnen. Möge ein brüderliches Band stets umschlingen alle Mitglieder, dass sie sich fühlen als die Kinder des einen Dibbuk; dann wird und muss in Erfüllung gehen der Wunsch, der stets und in diesen Tagen besonders auf unseren Lippen schwebt:

Dibbuk Chawerim vivat, crescat, floreat!

BERLIN. חנוכת המזבח תרנ״ט.
16. Dezember 1898.

Im Auftrage des Festausschusses der Hörerschaft
des Rabbiner-Seminars
verfasst von
Dr. David Braunschweiger.

I. Lieder.

II. Aus Bierzeitungen.

I.
Vereinslied.

Mel.: Gaudeamus.

שְׂמַח בָּחוּר בְּיַלְדוּתְךָ   תְּהִי כְּלִילַת מַדָּע וְחָכְמָה
אָדָם לַהֶבֶל דָּמָה   מוֹרֵינוּ יִהְיוּ וְיַצְלִיחוּ
אַחֲרֵי נֹעַם בְּהוֹדוֹתֵנוּ   יִהְיוּ בַחוּרִים הַחֲמוּדִים
אַחֲרֵי מְרִירוּת זִקְנָתֵנוּ   בָּאִים לִשְׁמֹעַ כַּלִּמּוּדִים
נָשׁוּב אֶל חֵיק הָאֲדָמָה: יִהְיוּ יַגְדִּלוּ יַפְרִיחוּ:

אֵיפוֹא הֵם אֲשֶׁר לְפָנֵינוּ   תְּהִי כָל עַלְמָה יְפַת מַרְאֶה
עַל פְּנֵי תֵבֵל הָיוּ   הֵן הוּצַק עַל פָּנֶיהָ
אֵלֶּה לִשְׁמֵי מָרוֹם עָלוּ   וּתְהִי גַם כָּל אֵשֶׁת חַיִל
אֵלֶּה לְיַרְכְּתֵי שְׁאוֹל נָפָלוּ   וּתְהִי גַם כָּל אֵשֶׁת חַיִל
מְנָת תּוֹלֵעָה הָיוּ:   עֹז וְהָדָר חֲגוּר מָתְנֶיהָ:

אֱנוֹשׁ יָמָיו כְּצֵל עוֹבֵר   תְּהִי גַם בְּתוּלַת בַּת צִיּוֹן
פִּתְאוֹם בִּלְעוֹ קָבֶר   מַהֵר תִּפָּנֶה וְתִבּוֹנֵן
כִּי בָא הַמָּוֶת קַל מְהֵרָה   יְחִי בֵּית מַטַּע הָרוֹעִים
יַשְׁלִיכֵנוּ אֶל אֶרֶץ גְּזֵרָה   וְהַסְדֵּי נְדִיבִים הַשּׁוֹעִים
לֹא יִשָּׂא פְּנֵי גָבֶר: אֲשֶׁר בְּצִלָּם נֶחֱסֶה וְנִתְלוֹנָן:

יֹאבַד יָגוֹן וּדְאָגָה
יֹאבַד רֶשַׁע וְזָדוֹן
יֹאבַד שָׂטָן וְיוֹם עֶבְרָה
כָּל שׂוֹנֵא אַהֲוָה וְחֶבְרָה
לִיץ וּמְגָרֶה מָדוֹן:

II.

Mel.: Als ich träumend.

Solo: Kennst du jenen trauten Sang, Der in froher Stunde Immerdar bei uns erklang An der Tafelrunde, Den zu singen stets auf's neu Nimmer wir ermüden, Den wir alle fest und treu Wie ein Kleinod hüten?

Chor: שמח בחור

Solo: Ach, seit ich zuerst gelauscht Dieser holden Weise, Ist schon mancher Tag verrauscht In dem Zeitenkreise. Ja, vergehen und entflieh'n Heisst das Los auf Erden! Und das Alter sinkt dahin, Weicht dem neuen Werden!

Chor: איפה הם

Solo: Mutvoll tritt der Jüngling ein In den Bann des Lebens, Harrt auf Licht und Sonnenschein — Harrt gar oft vergebens. Kampf und Sorgen früh und spat Sind allhier beschieden, Bis die Todesstunde naht Und der Himmelsfrieden.

Chor: אנוש ימיו

Solo: Aber doch, — der Geist ist stark, Trotzet allen Nöten; Seine Kraft, sein edles Mark Kann die Zeit nicht töten, Wenn der Meister sich're Hand Ihm die Bahnen weitet Und in der Erkenntnis Land Traulich ihn geleitet.

Chor: תחי כלילת

Solo: Aber doch — die Welt ist schön, Sprüht von Lebenswonne, Wenn aus blauen Himmelshöh'n Lacht des Lenzes Sonne; Wenn auf jedem Rain und Steg Tausend Blumen spriessen: — Blicket nicht verdriesslich weg, Lernet froh geniessen!

Chor: תחי כל עלמה

Solo: Wohl ein Schatten fällt herein In den Freudenschimmer: Zion, ich gedenke dein, Ich vergess' dich nimmer! Ach, wie liegt des Hauptes Zier Oede und zerfallen: Wann einst werden froh zu dir Jakobs Söhne wallen?

Chor: תחי גם בתולת

Solo: Seid getrost am Lichterfest, Lernt nach oben schauen! Lernt vom Makkabäerrest Gläubiges Vertrauen! Ja, es kommt die grosse Zeit, Die der Seher kündet, Wo zu Ende Schmerz und Leid, Wo das Böse schwindet!

Chor: יאבד

Dr. Ludwig Rosenthal.

III.

Mel.: Strömt herbei, Ihr Völkerschaaren.

1. Stimmet an mit hellem Klange, stimmt das Lied der Freundschaft an, singet laut im Festgesange, was der Herr an uns gethan! Singt wie schön es ist, wenn Brüder, Einer bei dem andern wohnt, :,: Singt das hohe Lied der Lieder, dass der Glaube bei uns thront! :,:

2. Jene Zeiten sind verklungen, hingerauschet in die Fluth, dass die Heldenschaar gerungen kraftvoll für ein heilig Gut, dass gestrebt sie und gestritten, von Begeisterung durchglüht, :,: dass gelebt sie und gelitten, bis erklang das Freiheitslied. :,:

3. Wieder wird in dieser Stunde herrliche Erinn'rung wach, wieder hallt die grosse Kunde von der Zeiten Ufer nach. Wieder mahnt's die Epigonen mit des Himmels Stimmen laut: :,: Eure Müh' wird Sieg einst lohnen, wenn Ihr auf den Sieg vertraut. :,:

4. Lasst uns kämpfen für den Glauben, wie es bei den Vätern war, lasst das Heiligste nicht rauben in der Stunde der Gefahr! Weinend wir den Samen senken in den Boden unserer Zeit, :,: dann der Thränen wir gedenken einst in Freud' und Herrlichkeit! :,:

5. Ewig möge uns umstrahlen heil'ger Freundschaft enges Band, lasst der Treu' Tribut uns zahlen, reichen uns die Bruderhand! Lasst die Treue nicht erkalten, Lasst die Liebe nicht verglühn! :,: Gott wird unsern Bund erhalten, Auch wenn wir von dannen ziehn. :,:

(IX. Stiftungsf. 5648-1887). Blumenthal.

IV.

Mel.: Freiheit die ich meine.

הִתְאָחֲדוּ אַחִים, קוּמִי רֹנִי
כִּי בָא הַיּוֹם, יוֹם גִּיל כִּפְלַיִם:
יוֹם זִכְרוֹן חֲנֻכַּת אֲגֻדָּתֵנוּ
וְלַחֲנֻכַּת הַמִּקְדָּשׁ זֶה שְׁנַיִם אֲלָפִים
זֶה שְׁנַיִם אֲלָפִים רְדָפוּנוּ נְטָלוּנוּ
עַד הִנֵּנוּ שָׂרִים מַלְכֵי אֶרֶץ
אַךְ רוּחַ כִּי מְצָאַנוּ בַּהּ מַעֲלֵנוּ
מוֹסְרוֹת לְאוֹם נִתֵּקוּ וְאֵין גּוֹדֵר פָּרֶץ:

עַד שֶׁקָּם **עוּרִיאֵל** לְעוּר בְּדָר
כַּשֶּׁמֶשׁ יָצָא לְהָפִיץ עֲנָנִים
בַּחוּרִים לְחַנֵּךְ הוֹאִיל הַיָּשָׁר
וְזְרוֹעוֹ יִסַּד בֵּית מִדְרַשׁ רַבָּנִים:

הַבַּחוּרִים הִתְאָחֲדוּ לְדִבְקָךְ טוֹב
שָׁלוּבֵי יָד יֵלְכוּ בְּגַת חֲרֵעִים
שָׁם יִשְׁתּוּ לִרְוָיָה יִשְׁתּוּ לָרוֹב
אַךְ נַפְשָׁם דְּבֵקָה לְאֵל תָּמִים דֵּעִים:

דְּבוֹק חֲבֵרִים מַה נָּעֵמְתָּ!
בְּסֵתֶר בְּנַפְשְׁךָ הָאַהֲבָה תִתְלוֹנָן
בְּמַשְׁמִיעִי לֶקַח הַשּׁוֹמֵעַ שָׂמֵת
כִּי לַחוּסִים בְּצִלְּךָ אַךְ גִּיל וָרֹן:

לְבֵן אֲהוּבִים חֲיוּ בִּנְעִימִים
הִדָּבְקוּ בִּדְבוֹק מַחֲזִיק בְּדָק
הָרִעֵנוּ, זַמְּרוּ עַד יִקָּרֵא מִמְּרוֹמִים:
„קוּמוּ לְכוּ צִיּוֹנָה לִנְוֵה הַצֶּדֶק".

ש. שאפפער.

(IX. Stf. 5648-1887).

V.

Mel.: Wo Mut und Kraft etc.

1. Wenn Einigkeit und Treue uns umschlingen, und Liebe knüpft der Brüder festes Band, wir zieh'n vereint mit Gottvertrau'n und Ringen, – bezeichnet Sieg um Sieg dann unsern Stand. Die Feindesschaaren strotzen, wir werden ihnen trotzen, es flattert unser Banner hoch im Sturm: Ist Gott doch unser König, unser Turm!

2. So künden's laut der Vorzeit Weihetage, die festlich wir mit Freudensang begeh'n; und aus der Ahnen Gruft steigt bang die Frage: Wie wird's im Leben unsern Enkeln gehn? Doch fest wir heut geloben bei Ihm, dem Vater droben: Wir schützen treu der Lehre heilig Gut in Wort und That mit unserm Herzensblut!

3. Lasst weithin schallen unser Wort, ihr Brüder! Wir teilen gern, wenn Hohes wir erstrebt, dass aus der Ferne schallen Dankeslieder zu Ihm, der schützend unser Haupt umschwebt. Wenn Feindesschaaren strotzen, wir können ihnen trotzen usw.

4. Und wenn uns selbst das Schicksal fortgetrieben, wenn fremde Welten bergen uns zerstreut, zieht doch uns ein Gedanke zu den Lieben; ihm ist unser aller Sinn geweiht: Denn alle heut geloben bei Ihm, dem Vater droben: Wir schützen treu der Lehre heilig Gut in Einigkeit mit unserm Herzensblut!

(IX. Stiftungsf. 5648-1887). De senectute.

VI.
Des Dibbuk Zweck.

Mel.; Was ist des Deutschen Vaterland.

 Wie ist des Dibbuk Zweck benannt?
Was führet uns in den Verein,
Im Winter, wenn's auch schaurig kalt,
Im Sommer trotz des Grunewald?
Sagt an, sagt an?
Was kann des Dibbuk Zweck wohl sein?
Was kann des Dibbuk Zweck wohl sein?

 Wie ist des Dibbuk Zweck benannt?
Die „ungehörte Rednerlist'?" —
Vorstand- und Commissionenwahl,
Die Ordnungsrufe ohne Zahl,
Debattenzwist?" —
Das muss zwar int'ressant sehr sein!
Doch kann's des Dibbuk Zweck nicht sein!

 Wie ist des Dibbuk Zweck benannt?
„Der zweite Teil — die Wissenschaft? —
Ach nebbich, ooch 'ne Wissenschaft
Bei Patzenhofers dunklem Saft!
Fürwahr, fürwahr!
Zwar kann recht gut der Vortrag sein;
Doch muss der „Zweck" noch besser sein!

 Wie ist des Dibbuk Zweck benannt?
Ist's der Gesang — voll Harmonie? —
Ist's des B. V. unsprechlich Wort,
Commentgesetze dieser Sort'?
Zwar mögen sie
Für Spass und Ordnung wirksam sein;
Doch wahrlich kann's der „Zweck" nicht sein!

 Wie ist des Dibbuk Zweck benannt?
Ihr Gäste all'! Vernehmet's heut'!
Berlin ist ein so grosser Ort
Hier wohnet dieser, jener dort —
Geselligkeit
Kann bieten drum nur der Verein,
Und dazu soll der Dibbuk sein!

Es sei des Dibbuk Zweck genannt:
Das Freundschaftsband! Geselligkeit!
Nicht nur für jene wen'gen Jahr',
Die wir verbracht im Seminar;
Nein, alle Zeit
Wird uns die Freundschaft heilig sein.
So wird der „Zweck" erfüllt auch sein.

Es sei des Dibbuk Zweck genannt:
Gemeinsamkeit und Einigkeit!
Nicht leicht ist unsre Wirksamkeit,
Woll'n Glauben wir verbreiten weit.
Doch Mut, doch Mut!
Nur einig sein! Das nützt sehr viel!
Dies ist des Dibbuk schönstes Ziel.

Damit des Dibbuk Zweck bekannt,
Gesprochen ward ein ernstes Wort.
Doch nunmehr woll'n wir lustig sein
Sonst werdet Ihr womöglich schrei'n:
Langweiligkeit!
Das scheint der wahre Zweck zu sein!
Das scheint des Dibbuk Zweck zu sein!

Nun ist's Euch allen wohlbekannt,
Was führet uns in den Verein,
Im Winter, wenn's auch schaurig kalt,
Im Sommer trotz des Grunewald.
Geselligkeit!
Das soll des Dibbuk Zweck stets sein!
Das soll des Dibbuk Zweck stets sein!

(Doktorschmaus des Dichters 27. II. 1890.)   Rusticus.

VII.

שיר החיים

לנשר הגדול בעל כנפים
מורנו ורבנו מידו קרנים
אשר חפר בארות מים חיים
תהלתו ותפארתו יגידו מחנים

ה״ה רבנו עזריאל הילדעסהיימער נ״י

רב של קהל עדת ישראל וראש בית מדרש הרבנים בבערלין ליום מלאה
לו שבעים שנה, ז״ך אייר שנת תרן לפ״ק.

שבעים המה ימי שנותינו	בארץ ציה במדבר הרים
שמונים הם בגבורתינו	הוציא נוזלים מים קרים
אך יש תִּקְוָה לאחריתנו	קולו נתן במחנה עברים
לראות חיים	המוני מים
לכבוד איש חי	סורו טמא
נשיר אחי	הוי כל צמא
שיר החיים:	לכו למים:
רב עוד נחוה באור פני מלך	כרם נטע ויעזקהו
גבר צדיק בתמו ילך	שורק תמיד יטעהו
לנוגה זרחו נסע וגלך	ענב עשה טוב פריהו
בין ערבים	עץ החיים
אור מורנו	אכלו רעים
יאיר לנו	תמימי דעים
שבעתים:	שתו לחיים:
הנה יום ליום יביע אומר	רבו מחול זבותיו
מעשה תוקף צדיק בתומר	עצמו מספר צדקותיו
רבנו עזריאל הילדעסהיימער	איכה יערך כל תהלותיו
בעל כנפים	ערל שפתים
חפר בארות	אנא אלהי
לדודי דודות	תן למורי
מצא מים:	רוב שנות חיים:

יָנוּב בְּשֵׂיבָה דָשֵׁן וְרַעֲנָן
בְּתוֹךְ צֶאֱצָאָיו שֶׁקֶט וְשַׁאֲנָן
בֵּיתוֹ בְּנוּי לָעַד מְכוֹנָן
יִרְאֶה בַחַיִּים
כְּאֶרֶז לְבָנוֹן
יִשְׂגֶּה וִינוּן
בֵּין הַחַיִּים:

שֵׁם הַמְחַבֵּר אַל יוֹצִיא כָּרוּז
כָּל מְבַקְשׁוֹ יִמְצָאֶנּוּ בְּחָרוּז.

VIII.

Lied.

Mel.: O alte Burschenherrlichkeit.

O, einstige Bachurimart,
Wohin bist Du entschwunden?
Was wussten von „Vergnügungsfahrt"
Die guten, alten Stunden?
Anstatt zum Dampfer im Verein,
Ging man zur Schiurstub' allein...
:,: O quae mutatio rerum,
o quae mutatio rerum. :,:

Nun fahren wir auf einem Schiff,
Ganz frei und sonder Sorgen;
Nichts ist zu seh'n von „Ran und Rif",
Und keiner „lernt" auf morgen.
Nichts höret man von Raschi's P'schat
Kein „Chiddusch Pele" findet statt —
:,: O quae mutatio rerum,
o quae mutatio rerum. :,:

Als Exegese wird probiert,
Nur die der besten Biere;
Anstatt des Jordans man studiert
Die Havel-Spree-Reviere.
Kotlo — Kotalti — und Kotal
Die liessen wir zu Hause all:
:,: O quae mutatio rerum,
o quae mutatio rerum. :,:

Und drüber freut man sich sogar
Und reicht sich froh die Hände;
Und Lieder singt die tolle Schaar,
Des Jubels ist kein Ende.
Wir fühlen keine Spur von Reu
Und rufen alle sonder Scheu:
:,: O quae mutatio rerum,
o qua mutatio rerum. :,:
Auch so fidel ist's bei uns hier
Trotz aller dieser Sünden,
Dass in die alte Ordnung wir
Nicht leicht uns werden finden.
Wer morgen denkt an diesen Tag,
Der seufzt gewiss mit leiser Klag':
:,: O quae mutatio rerum,
o quae mutatio rerum. :,:

(Ausflug 1891.)

IX.

Mel.: 's giebt kein schöner Leben.

's giebt kein schöner Leben, als das Dibbuk-Leben,
Wenn man es nur recht und viel geniesst:
Jeden Sonntag Abend, wie ist's da so labend,
Wenn die Runde sich zusammenschliesst,
Wenn gefüllt die Sitze und recht faul die Witze
Und wenn Red' auf Red' vom Munde fliesst.

Denn der Herr Präside schliesset bald perfide
Den geschäftlichen, erregten Teil;
Ein Colloquium lässt er dann entsteh'n, und fester
Tönt der Lärm und der Humor ist feil.
Und zum Vortrag giebt er dann das Wort, doch liebt er
Fein Silentium zu des Vortrags Heil!

Ist er dann geschlossen, die Kritik verflossen,
Dann beginnt die Kneipe allemal,
Dann ist der Praeside nicht mehr spröd' noch prüde
Und die Freude wiederhallt im Saal;
Und die Füchse tollen, Salamander rollen,
Wie 's der Herr Praeside stramm befahl.

Ja, kein schöner Leben, als das Dibbuk-Leben
Kann auf dieser grossen Erde sein:
Drum ihr Herrn Kollegen, spendet uns den Segen,
Schenket alle Eure Gläser ein!
Unserm Jubelhelden, dem Dibbuk soll's gelten,
Er soll blühen, wachsen und gedeih'n!

Wix.

X.
Festlied.

Mel.: Hier sind wir versammelt.

Der einst auf des Sinai flammenden Höh'n
In Donner und Blitzen erschienen,
Vor dem wir in heiliger Andacht stehen,
Den Schauer, die Furcht in den Mienen,
Er, der überm blauen Himmelszelt
Regieret und lenket die weite Welt
Und alles ernähret und alles erhält,
:,: Ihm lasst uns mit Lobgesang dienen! :,:

Er ist es auch, der zur Freude uns ruft,
Zu fröhlichen Scherzen und Singen,
In ihm überbrückt sich die weite Kluft
Vom Frohsinn zum ernsten Vollbringen:
Ja, ob uns auch winket ein ernstes Ziel,
Die Dibbukfreude doch stets uns gefiel,
Der heitere Frohsinn, der Scherz und das Spiel,
:,: Das lustige Singen und Klingen :,:

Die treu sich dem göttlichen Rufe geweiht,
Sie fanden im frohen Vereine
Den mutvollen Sinn und die Freudigkeit
Fürs Wahre und Gute und Reine.
Und wenn ein Genosse herein zu uns zieht
Von Osten, von Westen, von Norden, von Süd,
Der Freundschaft Blume hold ihm erblüht
:,: Im traulichen Dibbukvereine. :,:

So hat er gewirkt nun schon manches Jahr
In segenverbreitendem Streben;
Von himmlischer Art diese Freude stets war,
Die uns unser Dibbuk gegeben.
Gott lieh unsrem Bund den festen Bestand,
Dass mächtige Stürme er leicht überwand.
So schlinget um uns sich ein göttliches Band:
:,: Die Dibbukfreude soll leben! :,:

(XIV. St. 5653-1892) Ackermann.

XI.

Mel.: Mein Lebenslauf.

Mich hebet stets ein froher Sinn
Und echte Heiterkeit,
Weil ich ein Dibbuk-Mitglied bin,
Ihm treu bin allezeit.
Des Sonntags eil ich frohgemut
Gar pünktlich zum Verein,
Denn dort beruhigt sich mein Blut,
Sollt' ich 'mal traurig sein
:/: Heidi, Heida sollt' ich 'mal traurig sein :/

Dort in der Sitzung erstem Teil,
Den man geschäftlich nennt,
Erhitz' ich mich vielleicht 'ne Weil',
Meld' mich zum Wort behend.
Doch in dem Teil der Wissenschaft
Erhol' ich mich gar schnell,
Ich schlaf' ein wenig ein und Kraft
Hab' wieder ich zur Stell'!
/: Heidi etc. :/

Denn nun zeigt erst der Dibbuk sich
In wahrer Herrlichkeit.
Für Kummer, Trübsinn jämmerlich
Ist jetzo keine Zeit.
Bald schallen Lieder durch das Haus,
Reibt Salamander man;
Nach zwölf ist erst die Sitzung aus,
Eilt man zur Ruhe dann.
/: Heidi etc. /:

Und wenn Berufspflicht einst mich zieht
Hinweg aus dem Verein,
Denk' ich oft an den Kreis, wo blüht
Stets Freundschaft, fest und rein.
Dorthin, wo ideales Gut
Gepflegt wird allezeit,
Wo ernstes Streben, froher Mut
Gedeihen Seit' an Seit!
/: Heidi etc. :/

(XIV. Stf. 5653-1892.)   Weinberg.

XII.

Mel.: Wenn das Kind.

Wenn die Uhr ist ³/₄ acht, Ist grade der Hörer vom
Schlafe erwacht, Er dawnet dann schnell, eilt zur Gipsstrass'
hinein — /: O wie schwer ist es doch, o wie schwer ist
es doch, Ein guter Seminarist zu sein! :/

Wenn der Schnee liegt meterhoch oft, Vom Seminar
man wenigstens noch Wärme erhofft; Doch der Ofen eis-
kalt, und die Flammen ganz klein — /: O wie schwer ist
es doch, etc :/

Wenn der Schiur zu Ende dann ist, Der Hörer die
Cigarre schon schmerzlich vermisst; Da mahnt das Plakat:
„Lass das Rauchen jetzt sein!" /: O wie schwer ist es
doch, etc. :/

Wenn der Hörer recht fleissig sein will, So trägt er
die Gemore nach Haus in der Still'; Da naht Herr Berliner: „Die Gemore ist mein!" — /: O wie schwer ist es
doch, etc. :/

Wenn der Erste des Monats ist da, Und endlich die
spärlichen Gelder sind nah, Da spricht der Cassier: „'ne
Mark dem Verein"! — /: O wie schwer ist es doch, etc.:/

Wenn Chanukah naht und kein Schiur dann mehr,
Dann glaubt man, Dass jetzt man ganz frei endlich wär'.
Doch die „F. C." befiehlt: „Sei ein klein Dichterlein!" —
/: O wie schwer ist es doch, etc. :/

(XIV. stf. 5653-1892.)   Schwyz.

XIII.
Festlied.

Zum 60. Geburtstag des Seminardozenten Dr. A. Perliner נ״י.

ל״ג בעומר תרנ״ג לפ״ק. - (1893)

Mel.: Sind wir nicht zur Herrlichkeit geboren.

1. Muse, nenne uns den Weitgereisten!
Künde, was er sah in Stadt und Land!
Oder, — kannst Du solches uns nicht leisten,
Gieb uns Materialien an die Hand!
:,: Auf dass selber wir
Bei dem bairisch Bier
Lustig von ihm singen allerhand! :,:

2. In das Land, wo braune Maccaronen
Auf dem blanken Roste duftig glüh'n, —
Wo nach Goethe gelbliche Citronen
Und die Goldorangen heiter blüh'n:
:,: Lenkt er oft den Schritt
Brachte allzeit mit
Von der Reise herrlichen Gewinn. :,:

3. Was in Pisa einst vor tausend Jahren
Irgend wer zu Pergament gebracht,
Was in Rom bedächtige Scholaren
In vergang'nen saeculis erdacht:
:,: Schnell wird's eingesackt, —
Ordentlich verpackt, —
Und im Sturmlauf nach Berlin gebracht! :,:

4. Dorten harrt voll Eifer und Begierde
Alles auf den kleinen grossen Mann,
Auf des frommen Seminares Zierde — — —
Sieh, — und endlich kommt er wirklich an!
:,: Hefte sind parat,
Es ist ein wahrer Staat,
Auf den Bänken drängt sich Mann an Mann. :,:

5. Und, o Freund, willst Du Dein Haupt bekränzen
Mit des Fleisses Ruhm und Glorienschein,
Lass für ein- und allemal das Schwänzen,
Halte die Lectionen pünktlich ein!
:,: Wenn zum End' Dich neigst,
Ins Examen steigst,
Wirst Du dann auch gut beschlagen sein. :,:

6. Heute aber ruhen Ernst und Sorgen,
Wo so milde Freude uns umweht;
Ja, ich fürchte, dass sogar für morgen
Auf dem Lehrplan — Katzenjammer steht.
:,: Nur ein einzig Wort
Tönet im Akkord
Und schwillt mächtig an zum Dankgebet. :,:

7. 60 Jahre stand er nun in Ehren
An des Lebens heil'gem Hochaltar;
Mög' er weiter forschen, wirken, lehren,
Glück und Segen schau'n noch manches Jahr!
:,: Schwingt die Gläser, schwingt!
Dass im Saal es klingt!
Hoch und hoch und hoch der Jubilar! :,:

L. R.

XIV.

בנגון: ככלות יינו.

שאו כוס ישועות, ידידים אהובים
רעים וחברים מקשיבים
ואורחים נכבדים וחביבים
שבעתים.

קומו עמודו
שבחו והודו
ושתו לחיים:

לחיי **אברהם** מורנו
חבר נכבד לחברתנו
באור חכמתו יאיר לנו
שבעתים.

קומו עמודו וכו'.

הוא הרחיב גבול הבינה
ומלא פני תבל תבונה
ועם החכמה הפיץ אמונה
שבעתים.

קומו עמודו וכו'.

ששים המה ימי שנותיו
יוסיף ה׳ ימים על ימותיו
גדל-כח ירבה כחותיו
שבעתים.

קומו עמודו וכו'.

שתו גם לחיי שאר מורינו
היושבים סביב לשלחננו
ולבם ישמח בשמחתנו
שבעתים.

קומו עמודו וכו'.

יחיו כלם חיים נעימים
וגם האורחים התמימים
והבחורים הנאמנים
שבעתים.
קומו עמודו וכו'.

ת. ב.

(Feier des 60. Geburtstages des Dozenten Herrn Dr. A. Berliner).

XV.
Fest-Lied.

Mel.: Strömt herbei, ihr Völkerschaaren.

1. „Bleibet nicht am Boden heften,
„Frisch gewagt und frisch hinaus!
„Junger Arm mit guten Kräften,
„Ueberall sind sie zu Haus!" —
Was der Meister einst gesungen
Und bekräftigt früh und spat, —
:,: Ist uns in die Brust gedrungen,
Und dem Rate folgt die That. :,:

2. Wiederum auf dunklen Wogen
Schaukelt sich der schwanke Kahn;
Von des Himmels blauem Bogen
Glühet uns die Sonne an.
Wiederum auf nassen Wegen,
Die der flinke Kiel durchsaust,
:,: Ziehen wir dem Lenz entgegen,
Der in Wald und Fluren haust. :,:

3. Weiche Wellen kosen leise
Unsres Schiffes stolze Wehr;
Eine süsse, sanfte Weise
Tönet aus den Wassern her;
Rauscht mit träumerischem Klange, —
Eilt behend zu uns hinan, —
:,: Brauset auf im Festgesange:
„Heil und Segen auf die Bahn!" :,:

4. Und da stimmt zum Bundesliede
Fröhlich die Gemeinde ein;
Harmonie und starker Friede,
Schlingen sich um uns're Reih'n.
Gleichgesinntes, wack'res Streben
Füllet allen Herz und Seel';
:,: Treu im Spiel und Ernst und Leben —
Also siegst du, Israel! :,:

5. Schaut auf ihn, der hochgehalten
Das Panier mit starker Hand,
Durch sein grosses, stilles Walten
Schweres Unheil abgewandt!
Hat ein Vorbild uns gegeben,
Ohne Makel, ohne Fehl:
:,: Treu im Spiel und Ernst und Leben —
Ja, das bist Du, **Israel**! :,:

6. Solchen trefflichen Begleiter
Führen wir mit uns an Bord, —
Solchen heldenhaften Streiter,
Sieger für der Thora Wort!
Jugend blüht in seinen Mienen,
In der Brust Begeisterung:
:,: Lasset Euch sein Vorbild dienen —
Freuet Euch und seiet jung! :,:

(Ausflug 5653-1893.)   L. R.

XVI.
Fest-Ode.

Mel.: Integer vitae.

1. Wonne umweht uns, Lenzeslüfte kosen
Um das geliebte Haupt des greisen Helden;
Fluten und Fluren tönen seinem Namen
Freudigen Jubel.

2. Denkt heut der Vorzeit, wie der Ew'ge löste
Dreimal die Bande, löste Leib und Seele,
Ob uns des Nils, des Euphrats, ob des Rheines
Wellen uns weinten.

3. Tief heult im Moder des Egypters Geissel;
Rost hat zerfressen Babels, Roms Gewaffen;
Gott blies: es sanken in den Staub die finstern
Mauern des Ghettos.

4. Dreimal ins stumpfe Ohr klang uns das kalte
Furchtbare Wort; „Ich kenne nicht den Ew'gen".
Pharao rief's uns, der Hellene und der
Kluge der Neuzeit.

5. Dreifach erwacht auch des Gesetzes Feuer.
Erstmals Propheten fachten hell den Funken;
Mächtig dann die Rabbis legten Holz, — und so verbrannten
Die Thoren.

6. Niedergeloht sind heut die heil'gen Scheiter,
Kaum noch die Asche glimmt. Wer? Sagt, wer schürt sie
Hoch — dass es Licht wird — ruhlos? Wer stellt Streiter?
Gegen die Klugen?

7. Wonne umweht uns, Lenzeslüfte kosen.
Um das geliebte Haupt des greisen Helden.
Der dir im Kampfe tapfer ist und treulich,
Schütz ihn, Allmächtiger!

(Ausflug 5653-1893).

M. F.

XVII.
Allotria.

Mel.: Sind wir vereint zur guten Stunde.

1. Durch schnelle Dampfeskraft getragen —
So ziehen wir zum Müggelsee:
Die Sorgen, die uns oftmals plagen,
Wir schleudern sie hinab die Spree. —
Nun zu der Freude heil'gen Hallen,
Das Herze frei und froh die Brust,
:,: Lasst, liebe Freunde, heut uns wallen,
In Maienpracht und Lenzeslust! :,:

2. Die dicken, mächtigen Folianten
Sie ruhen still im Seminar;
Die Dibbukianer streng verbannten
Den Talmud, wie auch Commentar.
Nur einen darf man heut' studieren, —
Und wer gehört zu unsr'e Leut',
:,: Der soll den Tausfes-Jontew führen, —
Ein Extra-Jontew ist ja heut. :,:

3. Der Du aus staubigen Archiven
So manches brachtest an das Licht,
Die doch zu Rom so ruhig schliefen,
Stör' heute ihre Ruhe nicht!
Dich möge heute nicht bedrücken
Massora, Targum Onkelos,
:,: Nein, — prüf' vielmehr mit Kennerblicken
Das Bier-Archiv im Müggelschloss! :,:

4. „Die Sprüche, Psalmen und Propheten,"
Also der Herr Professor spricht,
„Sind für die Exeges' vonnöten,
Jedoch für unser'n Ausflug nicht.
Nur des Koheleth strenge Tugend
Erwähl' ich — und die Worte nur:
:,: O Jüngling, freu' dich deiner Jugend —
Hebräisch heisst's: שמח בחור! :,:

5. Der Herr Dozent, der Jordans Auen
Lobpreist in ihrer Herrlichkeit,
Er möchte gern sie selber schauen
Jedoch — es ist so furchtbar weit!
Anstatt den Hörern zu dozieren
Vom heiligen, gelobten Land,
:,: Führt er sie heute fein spazieren
Am heim'schen, grünen Spreeenstrand. :,:

6. „Besuchet stets die Homiletik"
Lehrt Herr Rabbiner Dr. Cohn
„Ein reinliches Concept ist nötig,
Und klare Disposition".
In dem Concept, das heut wir führen,
Sind — uns're Stullen wohl verwahrt;
:,: Dass wir versteh'n zu disponieren,
Das zeigt Euch diese Wasserfahrt! :,:

7. Soll' heute dieses Fest gelingen,
So wie geplant hat die V. C. —
Dann darf uns keinen Segen bringen
Die Wolke aus des Himmels Höh'!
Darum, ihr fahrenden Scholaren,
Sprechet im Gebete laut mit mir:
:,: Mögst Himmel, Deinen Segen wahren,
Den Regen-Segen halte Dir! :,:

(Ausflug 5653-1893). Bar Hebräus - Dr. Kaatz.

XVIII.
Kaffeelied.

Mel. Der Mai ist gekommen.

O Kaffee, o Kaffee, du schwarzbrauner Trank,
Du hast uns begeistert zu Lied und Gesang.
Wie am sprudelnden Kochtopf der Deckel steigt auf,
So steige unser Lied jetzt in die Lüfte hinauf.

Der alte Horatius in seinen Oden singt:
Beatior ille, qui semper Kaffee trinkt.
Er hilft uns ertragen, was Herz und Sinn beschwert,
Wenn unserem Magen was Böses widerfährt.

Was Oel für die Lampe und für Berlin die Spree,
Das ist schon seit Eva für Damen der Kaffee;
Er löset die Zunge und hurtig und reg'
Entfleuchen die Worte dem Zähnegeheg.

Wohlauf, Homileten, nehmt Euch ein Beispiel dran,
Ihr seht, was der Kaffee für Wunder wirken kann,
Noch mehr als der würd'ge Homilienverein
Wird eine Tasse Kaffee von Nutzen Euch sein.

In Doktor **Berliner's** Gesammt-Litt'ratur
Wird allzeit citiert nach **editio princeps** nur.
Die Lehre Euch merket, die d'raus zu Euch spricht:
Es gleichet der Aufguss der ersten Auflag' nicht.

Auf einem Manuscripte im römischen Land
Derselbe Dozente die klugen Worte fand:
**Wejajin jesammach lewaw enausch
Weïm tischte Kaffee,** so kriegst Du keinen Rausch.

In seiner Exegese hat Herr Professor **Barth**
„**B'chol orez jozo kaffom**" verdeutscht in dieser Art:
„In jeglichem Lande, in Schmökwitz und Berlin,
Da lässt man den Kaffee vor'm Trinken erst ziehn."

Dem Kaffee verdanket die jüd'sche Wissenschaft,
Was **Zunz** in ihr Grosses und Hohes geschafft.
Als Meister des Wissens gilt darum er uns,
Weil er war der Gatte der seel'gen Wittwe **Zuntz**.

Ein Hoch d'rum dem Kaffee, dem schwarzbraunen Trank,
Der heut' uns begeistert zu Lied und Gesang;
Und wer mitgesungen, der darf sich zum Lohn
Beim Kellner bestellen die zweite Portion.

(Ausflug 5654-1894.)   Bar Hebraeus.

XIX.
Abschied vom Ausflug.
Mel.: Studio auf einer Reis'.

„**Ausflug**" ist Parole heut, juchheidi, juchheida,
Für den Dibbuk Festeszeit, juchheidi, heida;
Darum lasst uns fröhlich sein,
Alt und Jung und Gross und Klein.
Juchheidi, heidi, heida, juchheidi, juchheida,
Juchheidi, heidi, heida, juchheidi, heida!

Wenn der Frühling zieht ins Land, juchheidi, juchheida,
Macht der Dibbuk ihn bekannt, juchheidi, heida;
Und es eilt der Gäste Schaar
Freudig in das Seminar.
Juchheidi etc.

Von der Brücke Jannowitz, juchheidi, juchheida,
Zieht man hin nach Schmöckewitz, juchheidi, heida;
Weil man nur zu **Wasser** fährt,
Wird's als **Landpartie** erklärt!
Juchheidi etc.

Steigt man müde aus der Spree, juchheidi, juchheida,
Giebt es Kuchen und Kaffee, juchheidi, heida;
Aber — Reden giebt es auch,
Leider ist's bei uns so Brauch.
Juchheidi etc.

Drauf geht man spazieren fein, juchheidi, juchheida,
Sei's allein, sei's auch zu zwei'n, juchheidi, heida;
In dem kühlen, duft'genh Wald
Macht nun alles plötzlich halt.
Juchheidi etc.

Und „Theater" folgt alsdann, juchheidi, juchheida,
Denn die Kunst liebt jedermann, juchheidi, heida;
Aber müsst auch — singen Ihr
In dem schönen Waldrevier?
Juchheidi etc.

Hat man dort sich **satt geseh'n**, juchheidi, juchheida,
Will man auch zu Tische geh'n, juchheidi, heida;
Butterbrot und Bayrisch Bier,
Aufschnitt-Stullen munden mir.
Juchheidi etc.

Endlich fährt man froh nach Haus, juchheidi, juchheida,
Und das Dibbukfest ist aus, juchheidi, heida;
Alle wünschen — das ist klar —
Wiedersehn im nächsten Jahr!
Juchheidi etc.

(Ausflug 5654-1894.)　　　　　　　　　　　　　M. P.

XX.

Mel.: Ein Männlein steht im Walde.

Ein Männlein eilt zum Schiur alltäglich hin, Mit Büchern voll beladen bis an das Kinn. Sagt, wer ist das Männlein klein, Das nicht schnell genug kann sein, Auf dem silberweissen Haar das Käppelein?

Ein Männlein zur Chasoroh steht still und stumm, Es schaut nach einem Hörer vergeblich um. Sagt, wer mag das Männlein sein, Das da steht so ganz allein? Und es soll Chasoroh obligat doch sein!

Ein Mann auf dem Katheder kann wüthend sein, Hört spielen oder singen er noch so fein. Sagt, wer mag das Männlein sein, das abhold den Melodein, Die als „fremd" in's Seminar nicht dürfen ein!

Ein Männlein ist von gänzlich besond'rer Art, Das macht noch heutzutage die Römerfahrt. Ja, es bracht das Männlein klein Eine Kron' in Rom sich ein, Was den deutschen Kaisern sonst geschah allein.

Ein Männlein ist von anderer Seltenheit, Hat Mittwoch sowie Donnerstag keine Zeit. Sagt, wer ist das Männlein klein, Das gar so **press**iert kann sein, Sagt, wer mögen alle diese Männlein sein?

(XVI. Stiftungsfest 5655-1894.)　　　　　　Deuteronomium.

XXI.
Festlied.

Mel.: Sind wir vereint zur guten Stunde.

So lasset wieder über Wellen
Erbrausen fröhlichen Gesang.
Und mächtig bis zum Himmel schwellen
Des Freudenfestes Feierklang!
Was jeder ahnungsvoll und leise
In stillverschwiegener Brust verwahrt,
:,: Sei ausgeströmt in Sangesweise
Und allen Welten offenbart. :,:

Der Frühling kam herab zur Erden
Mit Sonnenschein und Maienpracht:
Da ist zu einem grossen Werden
Das ganze Weltall aufgewacht.
Auch in den Seelen sprosst es wieder,
Das Herze öffnet sich so weit
:,: Und preist im Jubelton der Lieder
Und singet Gottes Herrlichkeit. :,:

Da ist zum Wandern und zum Fahren
So just die allerbeste Frist
Für jeden, der noch jung an Jahren,
Und der noch jung von Herzen ist!
Hinaus, hinaus in Wald und Fluren,
Allwo der Hauch des Lenzes weht,
:,: Allwo auf duft'gen Blumenspuren
Der holde Frühling sich ergeht! :,:

So sind auch wir zu Schiff gestiegen
Und suchen uns ein schönes Ziel;
Die Winde ziehn, die Fahnen fliegen,
Und durch die Wellen saust der Kiel!
Ein Führer stehet uns zur Seiten, —
Geht kühn und unentwegt voran,
:,: Uns wachen Auges zu begleiten,
Als wohlerprobter Steuermann! :,:

„Du Steuermann in Silberhaaren,
Sei uns gegrüsst, Du wack'rer Held!
Du führest Deine treuen Schaaren
Wohl sonst zu einem and'ren Feld.
Erkämpfest mit des Geistes Waffen
In mancher Schlacht den schweren Sieg!
:,: Kennst kein Ermüden und Erschlaffen
Im frommen Kampf und Glaubenskrieg!" :,:

„Du Steuermann in Silberhaaren,
Heil Dir und Deiner Meisterschaft!
Mög' Dich der grosse Gott bewahren
Und Dir erhalten Mut und Kraft!
Dann können wild die Wogen branden,
Dann fürchten wir nicht Fels noch Riff,
:,: Dann steuern zu der Zukunft Landen
Wir unversehrt das Glaubensschiff." :,:

(Ausflug 5655-1895) Dr. L. Rosenthal.

XXII.
Abschied.

Mel.: O alte Burschenherrlichkeit.

O Seminaresherrlichkeit,
Bald wirst du uns entschwinden,
Es wird die rauhe Wirklichkeit
An's Alltagssein uns binden.
Mit Wehmut denken, ach, zurück
Wir immer und mit feuchtem Blick
An deine schönen Tage
In jeder Lebenslage.

Wie klopfte uns das Herz, als wir
Zum ersten Mal mit Stottern
Einst predigten mit grosser Zier
Und mit der Kniee Schlottern.
Denn bei der Kritik ward's uns bang,
Barth fand die Predigt viel zu lang.
Wenn unter uns wir waren,
Zaust' er uns an den Haaren.

Doch dafür gabs Erheiterung
Bald in des Dibbuk Schatten.
Dort fanden wir Erleichterung
Bei stürmischen Debatten.
Beim Ausflug nur die Damen da
Stets standen zur Debatte ja.
Der Dibbuk nie sich lumpte
Den Beitrag lang er pumpte.

Am שבת wurden abgelegt
Des Seminares Fesseln.
Ein wunderbarer Drang sich regt,
Ein Drang: „Auf, kommt zu Gresseln!"
O, Gressel! Dich wir preisen jetzt,
Dein Ruhm steht nicht zu allerletzt,
Und deinen Kaffee schwärzlich
Vermissen wir bald schmerzlich.

Doch Euer auch gedenken wir,
Ihr Peltesohn und Schneller,
Tisch, Rothenberg, Euch preisen wir
Ihr schlucktet manchen Heller.
Noch einer liess im Stich uns nie,
Es ist der Hirsch Itzkowski.
Wenn fehlten uns die Mittel,
Druckt er doch Doktortitel.

Nun zieht's Geschick uns von Euch fort,
Amtswürde kommt, Amtsdünkel,
In einem weit entlegnen Ort
Haust man — in einem Winkel,
Im Ungarland, in Betschkesek,
In einem kleinen deutschen Fleck,
In Schwersenz, in Filehne,
Wo wachsen krumme Beene.

Jetzt lebet wohl in alle Zeit,
Dozenten und Kollegen,
Wir schwören, dess' seid Zeugen heut',
Euch Treue allerwegen!
Ein Dank dem hohen Rektor hier,
Des Judenthums Stolz und Panier,
Die Gläser lasst uns heben:
Das Seminar soll leben!

bschiedsfeier von Dr. M. Weinberg u. Dr. M. Weisz 4. VI. 95.)

Caligula [al. Weinberg.]

XXIII.
Elegie.

Mel: Als die Römer frech geworden.

Einsam sitze ich und klage,
Denke ich der schönen Tage,
Da beim frohen Stiftungsfest
Ich geleert bis auf den Rest
:,: Manchen vollen Schoppen. :,:

Mit viel grösserem Behagen
Würd' ich meine Bürde tragen,
Wenn hier im Philisterreich
Mir erstände allsogleich
:,: Dibbuk redivivus .... :,:

Herrlich wäre, wenn ich könnte,
Ist der Parnes renitente,
Ihm die Bierhonorigkeit
Nehmen auf belieb'ge Zeit,
:,: In B. V. ihn stecken. :,:

Aus der Zahl der Minjonäre
Bilde ich ein Fuchsenheere,
Und der erste Herr Kantor
Müsste dann als Fuchsmajor
:,: „Rest weg" kommandieren. :,:

Auch macht es mir viel Beschwerde,
Dass ich nicht darf meine Heerde
In die Kannen steigen lassen.
Denn das würde sich nicht passen
:,: Für den „Herrn Rabbiner." :,:

Da bei Scheffel ist zu lesen:
Ach, es wär' so schön gewesen;
Doch es hat nicht sollen sein,
Drum lass ich das Jammern sein.
:,: Hoch der Dibbuk lebe. :,:

(XVII. Stf. 5656-1895.)   Bar Hebraeus.

XXIV.

Mel.: Drunten im Unterland.

Droben dem Oberland　　　　Dies Lied wir weihn,
Ihr all' vom Unterland　　　　Stimmt freudig ein!
Danket mit frohem Gruss,　　Seltenem Hochgenuss,
Der von da droben heut'　　　Hat uns erfreut!

„Hold Weib, wer findet sie?" Singt Salomo —
Nun — wir vom Unterland Wissen auch wo.
Droben im Oberland　　　　Ist das gelobte Land;
Wie Milch und Honig schön Wangen wir sehn.

Quillt aller Segen doch　　　Nur von den Höh'n,
Sonn', Mond und Sterne hoch Ueber uns geh'n.
Wer unten, merket's nicht,　　Woher uns Glanz und Licht,
Freut sich; doch nicht so fern Sind unsre Stern'.

D'rum eine Wissenschaft　　　Heute, wie nie
Bei uns in Ehren kommt:　　Astronomie.
Mancher wohl unverwandt　　Schaut auf zum Oberland;
Alle jedoch im Chor　　　　　Dankbar empor.

(XVII. Stiftungsfest 5656-1895)　　　　　Julius Jarecki.

XXV.

Mel.: Das war der Herr von Rodenstein.

Jetzt kommt ein Lied vom Rodenstein
Von nagelneuem Schnitt.
Stimmt alle kräftig mit mir ein
Und singt den Kehrreim mit:
:,: „Raus da! Raus da aus dem Haus da!
Sei's noch so tief versteckt,
Es hilft ihm nichts, es muss hervor
Es wird von mir entdeckt." :,:

Besitzet einer Geld zu Hauf
Und hält den Beutel zu,
Der R e b b e eilt in raschem Lauf
Und hat ihn schon im Nu:
:,: „Raus da! Raus da aus dem Haus da!
u. s. w.

Der Raschi hat ein Enkelein,
Ganz unbekannt zuvor,
B e r l i n e r kommt und kriegt's beim Bein
Und zerrt's an's Licht hervor:
:,: Raus da! Raus da aus dem Haus da!" :,:
u. s. w.

Wenn durch der Posskim heissen Streit
Halacha scheint verloren,
Herr H o f f m a n n doch mit Sicherheit
Sie packet bei den Ohren:
:,: Raus da! Raus da aus dem Haus da!" :,:
u. s. w.

Arabisch Wurzelstämmchen irrt
Verkannt im Spreenwald.
Professor B a r t h den Fall studiert
Und mächtig schreit er bald:
:,: „Raus da! Raus da aus dem Haus da!" :,:
u. s. w.

Zur Fehde reitet Doktor H i r s c h,
Er ziehet sein Rappier:
Heraus mit Deinem Flederwisch!
Du Strauchdieb, du Vampyr!
:,: „Raus da! Raus da aus dem Haus da!" :,:
u. s. w.

Der heut als jüngster Herr Dozent
Beim Stiftungsfeste thront,
Er wird von Witzen ohne End,
Von Mimik nicht verschont.
:,: „Raus da! Raus da aus dem Haus da!" :,:
u. s. w.

Fideler Cantus ist mir aus,
Jedoch die Kneipe nicht.
Wir gehn noch lange nicht nach Haus,
Bis dass der Präses spricht:
:,: „Raus da! Raus da aus dem Haus da!
Rumdiridi hallo!
Hausknecht vor, mach auf das Thor,
Raus, raus, raus!"

(XVII. Stf. 5656-1895.)   Bar-Hebraeus.

XXVI.

Festlied.

Mel.: Sind wir vereint zur guten Stunde.

In Frühlingsglück und Lenzeswonne
Strahlt wiederum die ganze Welt:
Und wieder lacht die gold'ne Sonne
Herunter von dem Himmelszelt.
Und wieder sind wir auf der Reise
Beseelt von froher Wanderslust;
Und wieder schallt nach alter Weise
Ein neues Lied aus frischer Brust.

Sie kamen uns're Spielgesellen,
Sie fanden sich zur Feier ein:
Der sanfte Wind, die kühlen Wellen,
Das junge Grün, der Sonnenschein.
Sie kamen schnell — denn in der Runde,
In Wald und Flur, auf Feld und Hag,
Erklang's wie eine Freudenkunde:
Heut' ist ein echter Feiertag!

Rasch eilen wir dem Ziel entgegen. —
Da steigt Erinn'rung dämmernd auf;
Trug uns nicht auf den gleichen Wegen
Dereinst des Schiffes schneller Lauf?
Denkt Ihr des Tags? Schweift Euer Sinnen
In die Vergangenheit zurück?
War das ein fröhliches Beginnen!
War das ein Jubel und ein Glück!

Als an der Siebzig Silberpforte
In Jugendkraft der Meister stand,
Als sich's zu **einem** Festakkorde
Aus allen deutschen Gau'n verband!
Sechs Jahre sind's; – wir aber zogen
Wie heute aus zu Lust und Spiel
Und suchten auf den flinken Wogen
Dasselbe wunderschöne Ziel. — —

Es eilt die Zeit; nichts bleibt auf Erden;
Ein ewig Wechseln überall;
Fest steht nur eins im Flieh'n und Werden:
Die Wahrheit und das Ideal!
Fest stehst auch Du, ein Fels des Hortes
Dem Judenthum im deutschen Land,
Hältst das Panier des Gotteswortes
In Deiner treuen Führerhand!

Leucht' fort und fort auf solchem Pfade
All' Deinen Jüngern hell voran,
Zeig' uns, wie männlich und gerade
Wir schreiten uns're Ehrenbahn! — -
Und Du, des Schicksals grosser Leiter,
Behüte ihn an Leib und Seel'!
Beschütze unsern Gottesstreiter,
Beschütze unsern **Israel**!

(Ausflug 5656-1896.)　　　　　　L. R.

XXVII.

Mel.: Es leben die Studenten.

Es leben die Bachurim
Stets in den Tag hinein,
Wär'n nur nicht die Schiurim,
Sollt' immer Dibbuk sein.
    Fürwahr, fürwahr, das ist doch sonderbar.
    Fürwahr, fürwahr, das ist doch sonderbar.
    Hei! jup, jup, jup, jup, tra-la-la-la-la,
    Jup, jup, jup, jup, tra-la-la-la,
    Fürwahr, fürwahr, es ist doch sonderbar,
    Fürwahr, es ist doch sonderbar.

Zuerst sind wir geschäftlich
Und disputieren sehr;
Dann etwas wissenschäftlich
Und trinken um so mehr.
    Fürwahr etc.

Am Ende wird's gemütlich,
Wenn erst der Vortrag aus,
Nun thun wir uns recht gütlich,
Geh'n lange nicht nach Haus.
    Fürwahr etc.

Ganz unbesorgt wir zechen
Hell oder dunkel Bier.
Es muss für alle blechen
Ja unser Herr Kassier.
    Fürwahr etc.

Dann wird oft jubiliert,
Gelärmet, dass der Greis,
Der als Präsid' fungieret,
Sich nicht zu helfen weiss.
    Fürwahr etc.

Steigt erst beim Bier 'ne Rede,
Wird selbst der Schriftwart toll,
Vergisst vor Lachen jede
Idee vom Protokoll.
    Fürwahr etc.

Wenn alle Lärmen lieben,
Das krasse Füchslein schweigt,
Es muss sich heimlich üben,
Wie in die Kann' man steigt.
Fürwahr etc.

Fünfhundert Mal' schon treiben
Es Dibbukianer so,
So mög' es weiter bleiben
In dulci jubilo.
Fürwahr etc.

(XVIII. Stf. 500. Vereinssitz. 5657-1896) Deuteronomium.

XXVIII.

בנגון: מעוז צור.

שני חגים לה בחרה	תנו כבוד לאלהינו
להוג תמיד חברתנו:	הודו־לו ברננים,
עת הדר ותפארה	כי הגדיל פדות עמנו
אביב יעטף ארצנו	אזי בימי השמנים
לכבוד איש שר־התורה	עת נסו צוררינו
ידת לו עטרה עֲטָרָה,	לשלוח יד בתורתנו
ידו יניף	ובשם אל רם
לאיר נתיב	יהודה קם
לא נחטיא את־הַמַטָרָה.	ויקום נקמת דתנו.

גם עת קר וקפאון	מארבע קצות העיר
על־פני ארץ ישׂר:	קול קורא פה קבצנו
לקרואינו פה ישׁשון	במליצה לתענוג וישיר:
וישמחה ויקר ואור.	הׁשנו. לא התמהמנו.
אם בחוץ גבר הקור	עם "הדבוק" נבונה
על דת־אל, בה הפיץ ודרור	רוחנו גם נאמנה:
נתעורר	לקול "הברים"
ונתגבר	מקשיבים
בנר מצוה ותורה אור.	נחנו פעמים בשנה.

אך ישמחתנו פעם זאת
למעלה ראש עלתה:
להג יובל חמש מאות
חברתנו זבתה.
אל לנו בעזרתה,
ממלאבתנו לא נשבתה
עד בוא גואל
לעם שואל
ופיה תקפץ עולתה:

י. פ.

(XVIII. Stiftungsfst. 500. Vereinssitzung 5057-1896).

XXIX.

Mel.: Wenn ich einmal der Herrgott wär'.

Wenn ich einmal der Rector wär',
Mein erstes würde sein:
Ich richtet anders als bisher
Den Studienplan mir ein!
Der Dibbuk permanent, — ganz klar,
Tagt' da bei Bier und Wein;
:,: Der Schier würd' einmal nur im Jahr,
Chasoro — niemals sein! :,:

Wenn ich Dr. Berliner wär',
Mein erstes würde sein:
Ich nähm' mir das Testierbuch her
Schrieb noch viel mehr hinein!
Der Dibbukname in der That,
Vor allem muss da stehn!
:,: Wer in B. V. gesessen hat,
Wär auch darin zu sehn! :,:

Wenn ich der Dr. Hoffmann wär',
Mein erstes würde sein:
Ich nähm' mir ein Notizbuch her,
Schrieb' jeden Witz mir ein!
Und käm' Chasoro dann heran,
Erzählt' ich alle sie; —
:,: Unglaublich scheint's, doch schwänzte man
So die Chasoro nie! :,:

Wenn ich Professor Barth mal wär'
Mein erstes würde sein:
Ich führte, — denn gesund ist's sehr,
'Nen Radfahrkursus ein!
Ist schwer ein Bibelvers einmal,
Kein Einz'ger radlos steht, —
:,: Er tritt dann flott mit dem Pedal
Und dreht — und dreht — und dreht! :,:

Wenn ich Hirsch Hildesheimer wär',
Mein erstes würde sein:
Ich liesse mich als Redakteur
Nicht auf Prozesse ein!
Nur in des Dibbuk Bierjournal
Ulkt ich die Gegner an; —
:,: Es ärgert mehr dies manches Mal,
Als ein Prozess es kann! :,:

Wenn Wohlgemuth ich einmal wär',
Mein erstes würde sein:
Ich richtete — fidel wär's sehr,
Ein Schiurkränzchen ein!
Es zahlte 50 Pf. dann,
Wer je verschläft den Schier.
:,: Gern lernt man Tausfauss, Raschi, Ran,
Geniesst dabei auch Bier. :,:

(XVIII. Stf. 5657-1896). To-Tu.

XXX.
Abschiedslied an den Festsaal.

Mel.: Ach wie ist's möglich dann.

Ach, wie ist's möglich dann,
Dass ich Dich lassen kann,
Wo ich so lustig war von Herzen heut.
Wirklich zu End' der Schmaus;
Nun heisst es, gehn nach Haus.
Und nach dem letzten Gast
Piepst keine Maus.

Doch ist ein Jahr vorbei,
Suchen wir Dich aufs neu,
Woll'n wieder lustig dann und fröhlich sein.
Wieder die Wänd' entlang
Tön' Sang und Becherklang,
Noch bin ich ja bei dir,
Schon ist mir bang.

(XVIII. Stiftgf. 5657-1896.) Deuteronomium.

XXXI.

Mel.: O alte Burschenherrlichkeit.

O alte Burschenherrlichkeit —
Hast Du das Lied vergessen?
Mein lieber Fuchs — mit Deiner Zeit
Kann keine Zeit sich messen.
Drum kneipe, juble, singe brav!
So kannst Du's nicht mehr, bist Du Raw.
Ja warum? warum? warum?
Du merkst es, eh' ein Jahr um?

Den Salamander reibe froh —
Das Glas lass hell erklingen!
Der Kille Reiberei'n sind so
Nicht in Comment zu bringen.
Anstossen kannst Du allerdings
Ganz so wie hier, bald rechts, bald links.
Ja warum? warum? warum?
Das giebts satis causarum.

Hör' eifrig jetzt dem Pred'gen zu, —
Als Raw musst Du's entbehren.
Dann stehest auf der Kanzel Du,
Die andern müssen hören
Vergebens müht sich oft der Raw
Die Kille sitzt im tiefen Schlaf.
Ja warum? warum? warum?
'S ist freilich nicht grad rarum.

Geh ins Theater, spiele Skat,
Trink Spaten, Grätzer, Hacker!
Zeig Dich galant, ja fahre Rad,
Lauf Schlittschuh, mime wacker!
Schwarz, feierlich von Kopf bis Zeh
Ich dich als Raw schon vor mir seh.
Ja worum? worum? worum?
Es forderts das decorum.

Kollegen sieht man nicht ein Jahr,
Nur selten beim Kongresse
Begrüsst sich der Kollegen Schar
Mit freud'gem Interesse.

Und wesshalb eilt von nah und fern
So mancher zum Kongresse gern?
Ja warum? warum? warum?
Den Freund zu treffen! — Darum!

   Drum lasset klingen Glas an Glas!
Könnt' so man immer tagen!
Trinkt aus den Rest, denkt heut nicht, was
Auf dem Kongress' zu sagen.
Schenk' ein das Glas zum Rande, Fuchs,
Auf unsern Dibbuk leer es flugs,
Sieh Dich in uns'rer Schar um
Und frag' nicht lange — „warum"?

                                                                   To—To.

(Festsitzung für Freunde und alte Herren des Dibbuk, gelegentlich der I. Versammlung des allgem. Rabbiner-Verbandes 28. Dez. 1896).

XXXII.
Einst und Jetzt!

Mel.: Denkst Du daran.

1. Denkt Ihr daran, Genossen froher Stunden,
Zerstreut nach Westen, Osten, Nord und Süd,
An jene Zeiten — längst dahingeschwunden —
Die uns im Dibbukkreise einst geblüht?
    Denkt Ihr daran, wie wir dem ernsten Streben,
    Dem hohen, hehren Studium neue Kraft
    Bei Becherklang, bei Liedersang gegeben
    In freudig tief gefühlter Brüderschaft?

2. Und wenn Du heute, würdiger Kollege,
Tagtäglich über dem Folianten sitzst,
Wenn schwere „Schalaus" Deinen Geist bewegen,
Du unter Deines Amtes Drucke schwitzst:
    Denkst Du mit Wehmut, als in Sangesrunden,
    Du auf's Kommersbuch singend warst gebückt
    Und ulktest laut und scherztest ungebunden,
    Vom Präses in die „Kanne" oft geschickt?

3. Der Du als treuer Hirte und Berater
Das Wahre lehrst herab vom Kanzelthron,
Wie war es schön doch in der alma mater,
Als Du noch warst des Seminares Sohn!
    Wie lief durch Dich ein heilig' ernstes Schauern,
    Von Ehrfurcht und von Wissensdurst genährt,
    Wenn Du in seinen altersgrauen Mauern
    — War's selten auch — Dozentenwort gehört!

4. Wie Nebelschleier, hinter uns zerfliessend,
In uns die Sehnsucht mächtig oft erwacht
An jene Zeit, wo Angstschweiss wir vergiessend
Den „Doktor" — die Hattoroh dann gemacht.

Dissertationen, Tschuwaus und Homilien,
Die haben uns gar artig mitgespielt;
Der Dibbuk hat's bei nächtlichen Konzilien
Mit Bier und — Limonade weggespült.

5. In Rabbinatsverbänden, Konferenzen,
Ob orthodox sie, oder ob gemischt,
Da werden heute massenhaft Sentenzen
Von Dir mit Ernst und Würde aufgetischt.
Denkst Du zuweilen noch in den Verbänden,
Wie Du einst geistreich, öfter aber flau,
Bierreden hieltst, Du konntest nicht vollenden,
Schon stackst vom Präses aus Du im B. V.?

6. Denkst Du an jene Dibbuk-Stiftungsfeste,
Da Deinem Geist Gedichte Du erpresst?
Und war's auch immer grade nicht das Beste,
Gedichtet hast Du dennoch immer fest.
Die Sitte haben wir uns noch erhalten,
Drum sei dem Dibbuk dieses Lied gebracht
Von einem Dibbukmitglied, einem alten,
Ist „auf Bestellung" dieser Sang gemacht.

(XX. Stiftungsfest 5659-1898.)   Weinberg-Caligula.

XXXIII.

Mel.: Burschen heraus.

הָרִיעוּ בְקוֹל!
צַהֲלוּ הַשְׁמִיעוּ קוֹל רַעַשׁ גָּדוֹל!
לִקְרַאת דָּגוּל מֵרְבָבוֹת עָם,
בְּעַד תּוֹרָתֵנוּ בִגְבוּרוֹת קָם,
תִּקְצַר שְׂפַת אִישׁ מִלְּסַפְּרָן כַּמָּה,
בְּכֹל תְּפוּצוֹת מָקְטָר מֻגָּשׁ לִשְׁמוֹ.
הָרִיעוּ בְקוֹל!

הָרִיעוּ בְקוֹל!
צַהֲלוּ הַשְׁמִיעוּ קוֹל רַעַשׁ גָּדוֹל!
לִקְרַאת מוֹרֵנוּ רַבֵּנוּ אַבְרָם,
רֹאשׁ קָהָל וָעֵדָה וּמֵקִיץ נִרְדָּם,
בּוֹחֵן וּבוֹדֵק גִּנְזֵי נִסְתָּרוֹת,
הוּא יִהְיֶה לָנוּ לְמוֹפֵת נָאוֹת,
הָרִיעוּ בְקוֹל!

הָרִיעוּ בְקוֹל!
צַהֲלוּ הַשְׁמִיעוּ קוֹל רַעַשׁ גָּדוֹל!
לִקְרַאת רַב דָּוִד הַצְּבִי יִשְׂרָאֵל,
בְּרָחֲבֵי הַתַּלְמוּד אוֹתָנוּ נִהֵל,
בִּתְבוּנוֹת כַּפָּיו וּבְרוּחַ חָכְמָה,
הָרִים עֹצֶר וְטוּחַן זוּ בְזוּ,
הָרִיעוּ בְקוֹל!

י. פרידלנדר.

(XX. StC 5659-1898).

Aus Bierzeitungen.

Brief Veitel Klein's an seine Frau Gittel.

Liebes Gittelchen! Zwei Tage vor Schewuauss ging ich mit unserem Schmulchen in die Markthalle, um Fisch für Jontew zu kaufen. Als wir um die Ecke 'rum kamen, stand da eine neue Uraniasäule. „Hast Du schon so 'ne neue Säule gesehen? Da steht alles drauf, was die Leute interessiert." „Guck e'mal, Samuelchen, auf dem Uraniachaserchen nach, wann man Erew-Schewuauss Schulen geht." „Platz da", rief da jemand, „müsst ihr denn überall vorn sein? Wollt ihr gar keine Mores lernen?" „Gemore lernen! Ich suche schon die ganze Woche danach, wo ich Schewuessnacht Gemore lernen könnte." „Ach, was, ob ihr keinen Anstand lernen wollt". „O ja! ich möchte gern an Stand wissen, wo's Fisch' giebt." „Ach, ihr seid alle realistisch gesinnt, ihr Juden; die Höhe des Parnass ist euch fremd".. „Was! der Parness ist uns fremd", sagt mei Schmulchen, „mei Vater ist ja selbst Parness". So waren wir sprechend in die Markthalle gekommen. „Suchen Sie Fische, meine Herrschaften", rief eine Hökerin. „Was haben Sie denn für Fische?" „Natürlich Maifische". „Machen Sie kei Schtuss, gewiss sind das Ihre Fisch'! Sie werden sie doch nicht gegannewt haben." Als ich nach Hause gehen wollte, rief mir ein jüdischer Fleischer zu: „Heisse Wiener!" „Is mir sehr angenehm, dass Sie Wiener heissen. Ich heisse Klein und bin Parness." „Ach uzen Sie mich nicht", sagte der Fleischer. „Haben Sie keine Achtung vor'm Nebenmenschen? Haben Sie nicht Kibbud Chawerim?" „Dibbuk Chawerim? der macht ja so'n schönen Ausflug!" „In diesem Verein sind aber viele Reschoim". „Wieso?" „Er hat hundert Kajüten-Plätze auf dem Dampfer eingerichtet.

Denken Sie, hundert Plätze, wo ka Jide sitzen dürfen".
"Aber geben Sie acht! Das Fett Ihrer Würste träufelt ja auf Ihren Rock!" "Schad' nix", sagte er. "Was, Schadnis is Ihr Rock, Sie Meschummed! Komm' Schmulchen", sagte ich. — Leb' wohl! Bis hundert und zwanzig Jahr seh' ich Dich wieder.

(Ausflug 1892)
                                        Dein Veitel.

Geschlechtsregeln
aus der Grammatik eines Dibbukianers.

Dibbukiani generis sind die Wörter all auf "**Mann**"
Ackermann und Zuckermann, Lehmann und auch Liebermann;
Desgleichen die auf "**tein**" und "**stein**"
Wie Goitein, Blumen- Löwenstein.
Dasselbe zeigt zumal der "**berg**" dir an so wie das "**thal**"
Als Weinberg und auch Silberberg und Loewenthal und.
                                              Rosenthal.
Dass "**bach**" auch dibbukianisch ist, beweist dir Bach und
                                              Auerbach.
Dass "**eimer**" mit dem **bach** verwandt ist selbstverständlich
                                        und bekannt,
Dahin gehören Guggenheimer sowie auch Meier Hildesheimer;
Jedoch als Ausnahm' merk' man sich den schönen Levi
                                              Emmerich.
Dem Dibbuk auch gehört das "**feld**" im Hirschfeld und
                                        im Feilchenfeld.
Der Farben Pracht schmückt den Verein, wie sie nicht
                                          schöner können sein,
Denn Weiss und Schwarz regieren hier und auch ein Braun
                                          der zeigt sich dir.
Des nämlichen Geschlechtes sind
Der Funk und Munk,
Der Braude, Brody,
Seligkowitsch und Sacerdoti!

(XIII. Stiftungsfest 5652-1891)

Für Schwachmathiker.

1) Wohl (gemuth + 1) 2) Rosen (thal + mann)
3) (Zu + A) ckermann 4) (F + M) unk
5) Wei (lI + lII + sz) 6) (Petucho + Warsza) wski
7) Au (sch+1) er (1+bach) 8) (E + La) nge (l + 1)

Lösungen
sind spätestens 3 Tage nach dem Stiftungsfest schriftlich einzureichen.
(XIV. St. 5653-1892.)

Die Schiurreise.

Ein abspannendes Cultur-, Sitten- und Lebensbild aus der letzten Stunde des Jahrhunderts.

—

I. Capitel.

Hochverehrter Herr Rector!

Ew. Hochwohlgeboren haben mich beauftragt, darüber zu wachen, dass die Verordnung betreffend Privatschiurim von meinen Collegen streng befolgt wird. Ich bin Ihrem Wunsche nachgekommen und habe mir ein Verzeichnis über die von mir controllierten Privatschiurim angelegt, welches anbei mit den diesbezüglichen Bemerkungen folgt:

Das Verzeichnis.

Sonntag, d. 1. d. Mts. Schiur des Herrn Kohnen mit 2 Collegen, Abends 6—8. Als ich zu Herrn Kohnen kam, spielte er mit den anderen beiden Herren Skat. Ich sagte, ich müsste es dem Rector melden. Sie waren aber gar nicht erschrocken. Herr Kohnen sprach: „Das geschieht לשמה". Als בעל הבית wollte ich den Collegen Kaffee kochen; als ich ihn mahlen wollte, sagte der eine: „Die Mühle wird nach links" — der andere: „Sie wird nach rechts gedreht". „Um uns Gewissheit zu verschaffen, machten wir einen Skat, denn bekanntlich geht die Kaffeemühle in derselben Richtung, wie gegeben wird." „Jetzt wissen wir, wie gemahlen wird, können Kaffee kochen und trinken und alsbald gestärkt weiter lernen." „Also alles לשטה".

Sonntag-Nachts 2—4. שיעור des Herrn Suff. Der Dibbuk war um ½12 zu Ende. Ich ging in ein Café, da ich vor der Controlle des Herrn Suff mich nicht erst schlafen legen wollte. Ich trank einen Kaffee, kostet 30 Pf. Da ich nicht 2½ Stunden vor demselben Kaffee sitzen bleiben konnte, trank ich um 1 Uhr in einem anderen Café noch eine Tasse, machte zusammen 60 Pf. Punkt 2 Uhr Nachts war ich vor dem Hause des Herrn Suff. Aber, wie hineinkommen? Nachtwächter, Wächter—r" rufe ich also. „Verhalten Sie sich ruhig" schrie alsbald ein hinzukommender Nachtwächter. „Wollen Sie gefälligst aufschliessen?" „Zu diesem Hause habe ich keinen Schlüssel." „Ist das eine dumme Geschichte!" stiess ich unwillkürlich hervor. 1, 2, 3, war ich auf der Wache; durch eine Studentenkarte legitimiert wurde ich bald entlassen. Anderen Tages kam ein Strafmandat über 3 Mark; also kostete die Nacht 3 Mark 60 Pf.

Montag d. 2. d. Mts. 8 Uhr. שיעור des Herrn Rowdy in der Vorstadt Charlottenburg. Ich mache mich auf; da die Stadtbahn hingeht, hatte ich bequeme Verbindung, das kostete allerdings 20 Pf. hin und 20 Pf. her. In Charlottenburg musste ich nochmals die Pferdebahn benutzen; kostete 15 Pf. hin und her. Von der Endstation der Pferdebahn konnte ich in 20 Minuten bequem Rowdys Wohnung erreichen. Ich schellte, die Wirtin öffnete". „Ist Herr Rowdy zu sprechen?" „Thut mir leid, ist heute morgen ausgezogen und wohnt jetzt in Rixdorff." — Tableau! — Kostet 90 Pf. Reisegeld. — 2 Stunden rausgeschmissen.

Dienstag d. 3. d. Mts. Abends 9 Uhr. Schiur des Herrn Jacksohn. Ich klingele an der Flurschelle. Wirtin: „Was wünschen Sie?" Ich: „Ich möchte Herrn Jacksohn sprechen". Wirtin: „Der lässt sich jetzt nicht sprechen, er studiert." Ich: „Ich habe ihn aber amtlich zu sprechen." W.: „Er hat mir ein für allemal gesagt, niemanden vorzulassen, wer es auch sei, wenn er studiert, und augenblicklich studiert er, also kurz, er lässt sich im Studium nicht stören." Ich: „Aber . . . klapps — flog die Thür zu, und da stand ich. Ich schellte nochmals. — Der Wirt erscheint, einen Knüppel in der Hand, ich natürlich wie der Wind die Treppe hinunter.

Mittwoch. d. 4. d. Mts. Abends 8. Schiur des Herrn Stern פ' אלו טריפות mit 6 anderen Herren. Ich trete ein. „Guten Abend, meine Herren!" „Aber hören Sie, ich dachte, Sie hätten jetzt Schiur und nun sitzen Sie bei einem duftigen Braten!" „Aber sehen Sie denn nicht, dass dies eine ריאה ist, wir haben Sie bei Becker gekauft, an ihr דיני טריפות studiert und jetzt nach dem Gebrauch haben wir sie bei der koscheren Wirtin braten lassen" . . . „Adieu!!"

Freitag Mittags 11 Uhr. Schiur des Herrn Aron, הולין. Die Wirtin übergab mir einen Zettel: „Ich lerne meinen Schiur im Centralviehhof mit Demonstrationen. Aron" . . . O Weh!!

מוצאי ש"ק 8. Schiur des H. Leiser. „Ist H. Leiser zu sprechen?" „Leider nicht." „Er ist verreist, er ist zum Doctorexamen auf Montag berufen". „Unberufen!!" — Dies, Herr Rector, ist das Ergebnis der dieswöchentlichen Controlle.

Hochachtungsvoll

Fleissig, Seminarist.

II. Capitel.

Rector: „Das geht so nicht weiter. Im Namen des Dozentencollegiums werde ich jetzt ein Exempel statuieren. Ich überbringe jetzt dem Hörer Faul die Relegation persönlich, auf diese Stunde hat er gerade den Schiur angesetzt." Der Rector tritt ein, Faul sitzt über einem Haufen von offenen Gemores und macht sofort שהחינו, denn dies ist der erste Controllbesuch. „Ich gratuliere, H. Faul", sagte der Rector gerührt, Sie sind der erste, der lernend im Privatschiur angetroffen wurde." „Adieu!"

Rector (für sich): Ich gehe jetzt zu Fleissig, der hat gerade Schiur. — Der Rector schellt: „Ist Herr Fleissig zu Hause!" — „Der ist soeben spazieren gegangen" — Tableau!! —

III. Capitel.

Anschlag am schwarzen Brett: „In Zukunft darf jeder Hörer nur in einer Wohnung mit Telephonanschluss wohnen. Während des Privatschiurs hat er sich mit mir telephonisch verbinden zu lassen. Ich werde mir erlauben, zuweilen in den Gang der talmudischen Diskussion einzugreifen.
Montag, den 9. d. Mts.
Der Rector.

IV. Capitel.

Dienstag, den 1. d. folg. Mts. Der Rector hat das Telephonrohr am Ohr und lauscht den Diskussionen; 15 Hörer sind angeschlossen. Folgendes gelangte an sein Ohr: „Ai wirst du aber sagen" . . .

„Ein Ei, das am שבת gelegt ist . . ."
„Jetzt werd' ich erst einmal Thee kochen."
„Das ist doch ne glatte Gemore!"
„Mit Zweien Spiel 3, aus der Hand 4."
„18 מיני טריפות zählt die Gemore auf."
„מאימתי קורין את שמע בשחרית".
„Du, heut Morgen bin ich erst um 10 aufgewacht."
„שהוברר הדבר למפרע"
„Ich hab' jetzt weiter keine Brere, ich schicke die Arbeit nach Halle." —
„הכל שוחטין הוין מהריש שוטה וכו׳".
„Du bist doch ein grosser Schaute."
„Also kommt die Gemore aus: טעם כעיקר דאורייתא."
„Das Patzenhofer Bier ist doch das beste."
„Ein gewaltig harber ש״ך" — „So! Schachmatt."
Rebbe: Schluss, Schluss!!!!

V. Capitel.

Ein neuer Anschlag: „In Zukunft darf kein Hörer in einer Wohnung mit Telephonanschluss wohnen."

(XIV. St. 5653-1892).   Der Rector.

Synagogen-Anzeiger.

Schacharis Bechaul: 9 Uhr c. t.
(Es ist dafür gesorgt, dass regelmässig am Montag und Donnerstag ein Chosen oder Mohel anwesend ist.)
Mussof Beschabbos: um 2½ Uhr Nm. (mit Lainen).
Hallel be-Rausch-Chaudesch: Sonntag Mittag 12.
Minchoh: nach jeder ausgefallenen Geschichtsstunde.
Maariw: Montag Vm. 3 Uhr.
Mesummen-Bentschen: à la carte und à table d'hôtes. Montag-Freitag 8—10 hauptsächlich in A. Mit und ohne Kauhen.

Alle anderen Gebete sind zu Hause zu verrichten.

(XIV. Stf. 5653-1892).

Des Mittelalters Ende.

War einst ein Jude Tipseles
Zu Augsburg in der Stadt,
Dem Schusterhandwerk als Beruf
Er sich gewidmet hat.

Er flickte Schuhe früh und spat
Mit unverdrossnem Sinn,
Und scherte um die grosse Welt
Sich keinen Pfifferling.

Er hatte eine gute Frau,
Ihr Name Sorle war,
Und 14 Kinderchen dazu,
'ne hoffnungsvolle Schaar.

An einem Freitag-Morgen einst
Und Sorle sprach: Fürwahr!
Wenn mein Gedächtnis mich nicht täuscht,
Sinds morgen 50 Jahr,

Dass ich und Tipseles vereint
Zur Chuppe schritten ein,
Soll dieser Tag vorübergehn,
Ganz ungefeiert? Nein!

'ne Schabbeskugel, hoch und hehr,
Will diesem Tag ich weih'n,
Und Fett und Zucker soll an ihr
Durchaus gespart nicht sein.

Gesagt, gethan. Die Kugel stand,
Bald wohl geformet da,
Und Tipseles war hocherfreut,
Als er so schön sie sah.

Und als der Freitag Abend kam
Da setzt er sich zu Tisch
Mit Sorle und den Kinderchen
Zu Suppe, Fleisch und Fisch.

Doch als die Sabbathspeisen jetzt
Sie froh genossen all,
Da that es plötzlich — welcher Schreck! —
'nen fürchterlichen Knall.

Und in die Küche schreckensbleich
Eilt Sorle und ihr Mann,
Da lag die Kugel und der Napf —
Gar schrecklich sah sich's an.

Und Sorle blickte ganz verdutzt,
Und rief den Herrn jetzt an:
„Wie soll ich das erklären mir?
Sprich doch, mein lieber Mann!"

Der aber stand vor Schrecken bleich
Noch immer zitternd da.
Doch plötzlich leuchtete sein Blick:
„Jetzt haben wir's! Hurrah!"

Erklären will ich Dir sogleich
Die wunderbare Sach'
Wieso die Maase ist geschehn,
Woher der grosse Krach.

Schlemihlchen Du, als Zucker hast
Du Schwefel 'rein gethan,
Salpeter hast für Salz — ich seh's —
Du wohl genommen dann.

Und als ich heute Kohlen that
In Schabbesofen 'rein,
Da fiel mir eine in den Napf,
Das mag's gewesen sein.

Lass Dich darum verdriessen nicht,
Dass so gekommen ist,
Dass Deine Kugel explodiert,
Der Napf zerbrochen ist.

Ich bin jetzt ein berühmter Mann,
Und eine neue Zeit
Beginnt vom heut'gen Tage an;
Zwar schaff' ich grosses Leid.

Das Pulver ist erfunden nun.
Die Stücke, wie Du siehst,
Des Mittelalters Scherben sind's,
Das jetzt vorbei nun ist.

Doch dass i c h es gewesen bin,
Der dieses hat gethan,
Wird in den spät'sten Zeiten erst
Verkünden jener Mann,

Der den Lagarde zerschmettert hat
Den Stöcker obendrein;
Von dessen Ruhm zu aller Zeit
Die Welt erfüllt wird sein.

(XV. stf. 5654-1893).

Elegie an die Seminar-Uhr.

Gar altersschwach und ach so sterbenskränklich
Blickst Du herab so trübe und bedenklich,
Du Rumpelkasten, edler Zeitverkünder,
Im heissen Sommer und im kalten Winter.
Ein Zifferblatt nach vorn und eins nach hinten!
Nie kann die r e c h t e Zeit auf Dir man finden.
Zwar gehst Du vorn 'ne halbe Stunde weiter,

Doch hinten bleibst zurück 'ne halbe leider!
Drum ist der Schiur im hintern Hörsaal später,
Und vorn beginnt er pünktlich meist — „blineder."
Jedoch noch eines kann ich nicht verfehlen,
Du bist sehr dumm, kannst ja bis 3 nur zählen.
Mit Deinem Hämmern und dem steten Ticken
Störst Du die Hörer nur — beim süssen Nicken.
Auch quälest Du Herrn Klotz mit Deinen Sünden,
Im Schweisse muss er Dein Gewicht aufwinden.
Thu's liebe Uhr, den Hörern gleich, den weisen,
Und schlummre ein. — Leg' Dich zum alten Eisen!!

(XVI. Stiftungsfest 5655-1894). *Caligula.*

Aus einer Dozentenconferenz
am Rabbiner Seminar zu Berlin.

(Dieses geheime Aktenstück in Form eines Protokolls ging uns durch die Indiskretion eines „Höflings" zu. (D. Red.)

Tagesordnung.

Die Aufnahme von Damen zur Ausbildung als Rabbiner-Frauen.

Referent: (Prof. Arpachschad) stellt die volle Kenntnis des Schulchan-Aruch als unbedingte Forderung für die Schlussexamina derselben hin, damit sie dereinst ihre Gatten darin unterrichten könnten.

Prof. Archipelagus ist entschieden gegen die Aufnahme, da es den Damen vorzüglich auf Geschichten, nicht auf Geschichte ankäme.

Prof. Habakuk befürchtet, dass die Damen durch ihren Feuereifer die Hitze in den Seminarräumen noch steigern würden.

Der H. Rector ist ebenfalls dagegen, da man die Damen nicht zu Minjan gebrauchen könne.

Correferent (Prof. Methusalem) ist entschieden für bedingungslose Aufnahme der Damen. Er schildert mit homiletischer Zunftberedsamkeit die idyllischen Zukunfts-Verhältnisse der Herren Seminaristen, wenn ein jeder statt beschwerlicher Sorgen um das Menu der Abendbrote einfach eine Kollegin mit der Küche beauftragt; wie viel Zeit würde dadurch gewonnen werden! Die Ausbildung in der Redekunst falle allerdings bei den Damen fort infolge ihres angeborenen Talentes dafür. Anstatt dessen könne man jedoch ein neues Lehrfach einfügen, etwa „Kabbala und Liebe." — Nachdem Prof. M a h a l a l e l versprochen, die Frage zum Gegenstand einer Serie von Leitartikeln zu machen, löst der überwachende Polizeileutnant Klotz im Namen des Gesetzes die Conferenz auf.

(XVII. Stf. 5656-1895). Cupido.

Gereimtes und Ungereimtes.

אאלו דברים שאין להם שיעור, sprach Catilina auf sich deutend, da schwänzte er zum 20. Male im Semester den Schiur.

„Der Uebel schlimmstes ist die Einseitigkeit", sagte Brahma früh um ½ 10 Uhr, da legte er sich zum 2. Male auf die andere Seite. (St. 1891).

„Immer höher hinauf muss der Mensch steigen", dachte Tekel, da zog er in den 4. Stock. (A. 1892).

„Man muss den Z e i t g e i s t erfassen", dachte Kaka-o, da kaufte er sich die Montagsausgabe des Berliner Tageblatts. (St. 1893).

„Ruhe ist die erste Bürgerpflicht" sprach Kollege Caligula; da legte er sich um 8 Uhr auf die andere Seite. (A. 1892).

„Der Mensch kann nicht allein sein" sang ein junger Dozent, da gab er seine Vorlesung auf. (A. 1892).

Das Schiurbüchlein.

Wer zählt die Völker, nennt die Namen,
Die alle hier zusammenkamen,

Sagt Schiller.

Was will er?

Wohl anders, als andeuten, wie einst vor langen Zeiten
Der Rebbe ני in jugendlichem Feuer
Ein Schiurbüchlein klein
Führte ein.

Uebersetzungen.

מְקִיצֵי נִרְדָּמִים = Weckuhr.

שִׁיר הַיִּחוּד = Ein Einziger beim Schiur.

דּוֹרֵשׁ דָּמִים = Einer, der für Geld Predigt.

כֶּסֶף מִשְׁנֶה = Bimettalismus.

גְּזֵירָה שָׁוָה = Chasoroh in Auditorium A u. B.

(XVIII. St. 1896).

 Statt jeder besonderen Anzeige.

Heute früh 9 Uhr v e r schlief sanft mein Auditorium den Schiur. Stilles Beileid nehme während meiner Sprechstunde — 7 - 8 Abends — entgegen.

(XVII. Str. 1895. To-To).   Prof. Methusalem.